Il suscite
d'autres fêtes...

Temps de fête pour la Sagesse

Cheminements Spirituels
Collection dirigée par Elisabeth Le Quere

Toutes réflexions théologiques, spirituelles. Toutes expériences mystiques, religieuses qu'elles se situent au sein ou hors des grandes religions méritent d'être connues. C'est pourquoi nous favorisons leur édition dans cette collection. Vous pouvez nous envoyer vos écrits, même les plus personnels. Nous vous répondrons :

>Elizabeth Le Quéré
>1 rue André Rivoire
>92240 Malakoff

Déjà parus

JANVIER-MODESTE Jean-Claude, *L'hôpital vu de l'intérieur. Comment allez-vous, monsieur Jamode ?*, 2006.
ORMONT Elisabeth, *La révolte d'un Juste*, 2006.
KAANICHE Habib S., *L'accompagnement spirituel en milieu hospitalier*, 2005.
FINKELSTEIN Bluma, *L'héritage de Babel*, 2005.
VERCELLETTO Pierre, *Réflexions sur les stigmates*, 2005.
LECLERCQ Philippe, *Un Dieu vivant pour un monde vivant*, 2005.
BERNABEU Antoine, *Laissons les enfants grandir*, 2004.
ROCHECOURT Gabrielle, *La cigale*, 2004.
P. M-A SANTANER, *Qui est croyant ?*, 2004.
CONTE A.-M., *L'ivre de vie*, 2004.
DESURVIRE, *Dire vrai ou Dieu entre racisme et religions*, 2003.
GALLO J.G., *La fin de l'histoire ou la Sagesse chrétienne*, 2003.
GENTOU A., *Invités à vivre*, 2003.
SCIAMMA P., *Dieu et l'homme méditations*, 2003.

Evelyne Frank

Il suscite d'autres fêtes...

Temps de fête pour la Sagesse

L'Harmattan

Du même auteur

Un jour pourtant. Sagesse pour le temps ordinaire, 2007.

© L'HARMATTAN, 2011
5-7, rue de l'École-Polytechnique ; 75005 Paris

http://www.librairieharmattan.com
diffusion.harmattan@wanadoo.fr
harmattan1@wanadoo.fr

ISBN : 978-2-296-56625-5
EAN : 9782296566255

Wer seines Lebens viele Widersinne
versöhnt und dankbar in ein Sinnbild fasst,
der drängt
die Lärmenden aus dem Palast,
wird anders festlich, und du bist der Gast,
den er an sanften Abenden empfängt.

Celui qui réconcilie bien des aspects absurdes en sa vie
et, reconnaissant, les réunit en symbole,
celui-là chasse du palais
ceux qui font du bruit,
suscite d'autres fêtes, et tu es l'hôte,
qu'il accueille en des soirs de velours.

Rainer Maria Rilke,
Le livre d'heures[1].

---

1. Rainer Maria Rilke : *Le livre d'heures,* Bruxelles, Le cri, 2005, trad. personnelle. Je sais bien que le texte allemand ne comporte pas le terme *Samt,* « velours », pour évoquer le ciel, mais cette traduction m'a paru fidèle à l'esprit du texte rilkéen, de toute façon intraduisible.

Préface

Il y a eu un premier ouvrage, *Un jour pourtant*. Son titre, reprenant l'*incipit* d'un poème de Pierre Emmanuel, disait la possibilité d'une floraison par-delà le désespoir. Le sous-titre, *Sagesse pour le temps ordinaire,* laissait entendre que le quotidien pouvait prendre ou reprendre saveur. Oui, la banalité des jours peut devenir une réalité festive. En rêver est peut-être audacieux.

Mais souhaiter que la fête soit vraiment fête est un défi sans doute au moins aussi fou. Car souvent les fêtes sont tristes ; souvent les fêtes font peur, surtout les fêtes en quelque façon obligatoires, telles que Noël et Nouvel An. Quant à Pâques et Pentecôte, hormis pour les jours de congé gagnés, elles n'éveillent pas toujours le désir. Or je crois en la possibilité de la fête, une fête qui pétille en bulles claires, une fête qui a du goût. « Avoir du goût », c'est le tout premier sens du mot sagesse. Je crois ainsi en la fête placée sous le signe de la sagesse : *Temps de fête pour la Sagesse*.

Ce sont des fêtes sans doute à inventer. Je me souviens ainsi de cette magnifique trouvaille de parents d'élèves. J'enseignais en classe de sixième. Je restituais aux élèves une dictée corrigée, copies pliées et note tue par discrétion. Soudain, un blondinet explosa de joie. Il avait vingt. J'étais contente pour lui mais qu'il laissât paraître à ce point sa joie me gênait pour ceux qui avaient un résultat décourageant. Je lui demandai donc de se modérer dans l'expression de sa joie. En vain. Je me doutai alors qu'il y avait quelque chose à comprendre et tentai un travail d'approche :

— Tu as l'air vraiment content, Frédéric.
— Oh, oui, fit l'enfant, c'est mon premier vingt !
— En dictée ?
— Non ! De ma vie !

Je souriais intérieurement de ce « de ma vie » à onze ans. C'était charmant. C'était aussi très important. Je redemandai donc la copie et ajoutai, à côté de la note, la remarque « À fêter ! ». Le lendemain, je demandai au gamin :

— Alors, Frédéric, tu as fêté ?

— Oui, répondit-il, fier comme Artaban ce qui me réjouit. On est allé au restaurant, avec ma famille, et c'est moi qu'a payé le dessert !

Le ton était plein de conviction, le regard intense. Le petit gars s'engageait de tout son cœur dans la joie venue à lui. L'erreur de français « c'est moi qu'a payé » rendait pour moi l'instant plus délicieux encore. Magnifique ! Les parents avaient embrayé sur la remarque et, cette fois-ci, l'école n'avait pas été seulement pour être heureux plus tard, dans un avenir tout à fait hypothétique et lointain à cet âge, mais bien aujourd'hui, ici et maintenant. Bravo ! Je le savais, cette fête donnerait des ailes à Frédéric, car la bénédiction, toujours, déploie l'être.

Dans cet ouvrage, je voudrais approcher les fêtes de Noël, Nouvel An et Pentecôte. Ces fêtes instituées, devenues parfois conventionnelles, j'essaierai de les retrouver à ma façon. J'aimerais me donner une chance de les goûter, afin d'apprendre, en elle, une liberté qui n'a souci des conventions mais invente inlassablement la tendresse. Pour mes amis non chrétiens ou devenus allergiques au christianisme, je m'en doute, l'accès à ces pages sera difficile. J'ose croire pourtant que certains s'y risqueront malgré tout.

Vivre la fête

Faire la fête, impossible !

« Qu'il est bon, qu'il est doux d'habiter en frères tous ensemble ! » chante le psaume[2]. C'est bien cela, la fête ! Et c'est grâce, dans tous les sens de ce mot. Impossible, donc, de « faire la fête » : puisque c'est un cadeau, je ne puis me la donner, seulement la recevoir. Mais je peux toutefois y contribuer, en la préparant et en m'y disposant, en acceptant de m'y joindre, en collaborant à la qualité de l'après-fête, ce qui, de ma part aussi, est gracieux : on ne saurait forcer à la fête.

Un être ensemble

Il s'agit d'un « être ensemble ». Or il n'y en pas si je me mets en scène et fais montre de mon bonheur, de notre amour ou de nos réussites. La fête disparaît si elle devient jeu de pouvoir ou si elle sert à exister par le regard envieux des autres. La fête peut advenir si nous sommes là simplement, c'est-à-dire pour la fête elle-même et pour la joie d'un « nous » qui a le droit d'être conscient et de se renforcer par la célébration, un « nous » formé par des enfants des hommes avec leur dignité, leurs questions et leurs espoirs, leurs peines et leur vulnérabilité respectés. Ceci nous le manifestons souvent par un repas, signe d'alliance. Cet être ensemble s'apprend et nous voudrions nous y apprivoiser, pour que l'émotion qu'il suscite n'en vienne pas à nous submerger et nous détruire. Nous risquerons donc ici quelques pas pour danser.

*

Dans nos vies, la fête est toujours un défi

La fête est gaieté. Certes, ce n'est pas forcément l'exubérance, mais pourquoi pas ? Pourtant, quand nous fêtons, nous n'en avons

---
2. Ps 133(132), trad. Bible de Jérusalem, édition 1955.

peut-être pas toujours spontanément envie, à cause d'un chagrin. Or, justement, la fête, avec ses fleurs qui passent, ses lumières menacées par la nuit, sa musique qui s'éteindra d'être allée jusqu'au bout de la phrase, est là comme un défi. Elle témoigne de notre volonté que les larmes n'aient pas le dernier mot. Il n'est pas de fête qui ne se déploie comme une hymne à la vie sur fond de mort. La fête, c'est toujours ce cri : « À la vie ! »[3]

Faire les choses en grand ?

D'où une certaine démesure propre à la fête. Cela n'a rien à voir avec la mise en condition par l'excès d'alcool ou la stimulation artificielle de l'extase. Nous voulons seulement faire les choses en grand, comme Dieu à Cana, comme Marie à Béthanie.

Les mets ne seront pas forcément raffinés, les tenues luxueuses et les relations extraordinaires – mais, là aussi, pourquoi pas ? -. Ce peut être tout simple et pourtant somptueux. L'essentiel est dans la qualité, donc la mesure même dans une certaine démesure, l'authenticité, la beauté et l'élan du cœur, la conscience de vivre un bienfait qui n'était pas dû et d'en être reconnaissant, le courage de se laisser aimer ainsi. Puissions-nous oser cela !

Dieu, ami de nos fêtes

Chrétiens, nous avons cette assurance : Dieu aime la fête et se réjouit que nous fêtions. Les paraboles utilisent volontiers à son sujet l'analogie du Roi qui invite à sa table et persiste dans sa volonté de célébrer même si les invités se décommandent, recourent à la violence à son égard, et viennent casser la fête de l'intérieur Mt 22, 1-10. Le banquet est même l'une des images les plus fréquentes du Royaume, au point que l'on peut se demander si le Règne de Dieu (« que ton Règne vienne ») n'est pas une fête sans fin.

Jésus s'est volontiers joint à nos fêtes. Selon Jean, un repas d'alliance ouvre sa vie publique, un autre l'achève, ce qui laisse entendre que sa présence parmi les enfants des hommes fut une fête perpétuelle. Les synoptiques le confirment[4]. Et le poète Jean Grosjean

---

3. C'est le « À ta santé ! » du monde juif.
4. Quand les Pharisiens reprochent à Jésus : Tes disciples « mangent et boivent », il leur demande : « Est-ce que vous pouvez faire jeûner les compagnons de l'époux pendant que l'époux est avec eux ? » Lc 5, 33-34.

de remarquer : « Alors il s'est levé de table à la façon des Grecs qui souhaitent quitter la vie comme un banquet. »[5] Il portait en lui la promesse du vin nouveau qu'il boirait avec ses disciples chez son Père, le vin tout jeune, indomptable, qui pétille et chante et jubile Mt 26, 29. Au plus profond de la nuit du samedi saint, il est descendu aux enfers, le séjour des morts, pour tendre la main à Adam et Eve et les inviter à danser. Ils remontent vers la lumière avec ce « Seigneur de la danse »[6] en des rythmes de fête. Ressuscité, le Christ ne se lasse pas de partager nos repas.

Depuis, nos fêtes, même profanes, retentissent toujours en écho de tout cela, comme ces tableaux de « Vie silencieuse »[7] qui portent en eux une référence cryptée à l'eucharistie. Nos fêtes, même profanes, se veulent acte de foi en la Vie, qui s'obstine à célébrer, et participation anticipée, modestement, certes, mais courageusement, au Banquet de la Sagesse à venir. Nos fêtes, même profanes, sont invitation tacite ou explicite au Vivant. De là découle la possibilité de fêter seul(e), qui, sinon, serait peut-être une aberration.

Que déciderai-je de fêter ?

Une fête se déroule, soit occasionnellement, soit régulièrement, en raison d'un événement remarquable. Il est donc intéressant de nous interroger sur ce que nous choisissons de fêter, rejoignant une tradition qui nous préexiste et inventant des occasions neuves comme nous y encourage l'Evangile Lc 15.

Dans nos vies, certaines fêtes disparaissent parce que nous décidons de les déposer. Il en est d'autres dont nous nous sommes toujours tenus à distance. D'autres encore apparaissent, qui résultent d'une découverte heureuse. Des chrétiens retrouvent un mode de célébration du dimanche. Ils modulent cela, selon l'existence qui est la leur, convivialité familiale, retrouvailles communautaires ou recueillement d'une solitude apprivoisée. Je vois aussi des chrétiens fêter l'anniversaire de leur entrée dans l'adoption divine, donc de leur baptême. Comme j'en parlais en cours de catéchèse, un jeune garçon, levant un sourcil étonné, me fit remarquer : « Alors, ils

---

5. Jean Grosjean : *L'ironie christique*, Paris, Gallimard, 1991, p. 202.
6. Jürgen Moltmann : *Le Seigneur de la danse*, Paris, Le Cerf-Mame, 1977.
7. C'est l'appellation anglaise et allemande d'un genre que les Français nomment, de façon moins heureuse, « Nature morte ».

fêtent leur anniversaire de naissance, leur anniversaire de baptême, et leur fête ? » Oui, certains chrétiens fêtent beaucoup ! Il est enfin des fêtes, dans notre existence chrétienne, que nous célébrons d'année en année et qui d'année en année deviennent plus belles, parce que leur signification s'aggrave.

Le lendemain de fête, un label de qualité

« On juge de la qualité d'une fête à l'après – fête, me disait un proche : pas de gueule de bois, pas de brouille occasionnée par un dérapage lié à l'alcool. » Les fêtes des chrétiens *a fortiori* devraient être remarquables par leurs lendemains. Parfois effectivement, la mémoire vive de l'une d'elles nous accompagne telle un viatique dans notre quotidien. Il arrive aussi qu'une fête nous ait fait franchir un seuil, au-delà duquel la vie de tous les jours prend une autre dimension, justement... festive.

*

La fête impossible

Mais quand je ne peux pas fêter ? Dans une parabole, Mt 22, 11-13, un invité n'a pas revêtu l'habit de fête qui lui a vraisemblablement été remis à l'entrée. Le Roi lui demande : « Mon ami, comment es-tu entré ici sans avoir une tenue de noces ? » C'est une vraie question, donc une main tendue. Mais l'autre se tait, littéralement « se musèle » ; traduisez : il « fait la gueule. Le Roi ne peut donc pas l'aider pour le moment.

Ne faisons pas de la sorte. Si nous ne pouvons pas ou ne voulons pas revêtir l'habit de fête, courons chez le Roi pour tout lui dire, colère, terreur, détresse : « Tu m'as fait remettre un habit de fête, mais je ne peux pas l'enfiler ! C'est trop dur. Je n'ai pas le goût de fêter. Mon cœur est rempli de détresse, à éclater ! » Le Roi saura nous entendre dans notre chagrin, comme le Père prodigue, sorti pour rejoindre son aîné malheureux et parler avec lui Lc 15, 28-32. Le Roi se débrouillera, il réparera, il fera que la fête, bientôt, soit aussi pour nous.

Autour de Noël

La force de l'Avent

Temps fort, l'Avent ? Temps de la force ! Une force obstinée, mais tout en douceur, si discrète qu'elle peut passer inaperçue. Cette force est celle même de la joie. *« Gaudete »* : ainsi appelait-on, autrefois, le troisième dimanche de l'Avent ! Cette force nous donne de nous réjouir. Or ceci met en place un rapport à l'existence bien risqué, aujourd'hui souvent écarté dans l'injonction à ne rien attendre, à ne pas se faire vulnérable.

*

Joyeux sur commande ?

La joie, nous ne pouvons pas nous la donner. Nous ne pouvons pas être joyeux sur commande. L'ordre : « Sois joyeux, sois spontané » est intrinsèquement contradictoire. Il est fou et rend fou. Il y a cependant autour de nous une idéologie de la joie, de la joie obligatoire. Je pense à la pression qui s'exerce sur les cadres en entreprise, obligatoirement jeunes, dynamiques, « zen » et souriants. Je pense aux exigences posées à l'égard de la femme. Elle a des journées TGV, mais on s'attend à ce qu'elle soit toujours fraîche, pimpante, et gaie, pétillante. Je pense au reproche adressé aux chrétiens : « C'est trop triste, vos liturgies ! Faut que ça swingue ! » ou encore « Quand vous sortez des églises, vous n'avez pas l'air sauvés. » Beaucoup ne savent plus lire un visage concentré. Ils confondent gravité et tristesse. D'ailleurs, significativement, on ne parle plus de chagrin, dans notre société. On dit « déprime, dépression ». C'est tout de suite médicalisé. Autrement dit, n'être pas dans la joie, c'est avoir quelque pathologie psychique.

Dans les Écritures, Paul va-t-il lui aussi dans le sens de l'ordre pervers d'une joie obligatoire quand il écrit : « Réjouissez-vous sans cesse dans le Seigneur, je le dis encore, réjouissez-vous » Ph 4, 4 ? Non, il s'agit d'autre chose. Si les chrétiens fêtent Noël, c'est justement parce qu'ils croient que l'on ne peut pas se donner la joie à soi-même, qu'on ne peut pas se fabriquer la joie, qu'elle vient de l'extérieur. Nous croyons que la joie vient à nous, que la joie est venue à nous. Et Noël, c'est cela. En Christ la joie est venue à nous. Ce qui nous revient, c'est de nous disposer à accueillir cette joie, puis c'est d'oser la prendre. L'invitation de Paul va dans cette direction : se rendre disponible à la joie.

Se préparer à la joie, comment ?

Pendant l'Avent tout particulièrement, nous nous préparons à la naissance de la joie au secret de notre coeur. Nous le faisons d'abord en libérant, à l'intérieur de nous, de la place pour elle. Ainsi, nous balayons la haine, parce que là où il y a plaisir de la vengeance, la joie n'a pas de place. Et les mystiques rhénans de nous rendre particulièrement attentifs à cette ascèse : « (...) l'âme humaine : Dieu veut que ce temple soit vide, afin qu'il n'y ait à l'intérieur rien d'autre que lui seul. »[8] Etty Hillesum, qui avait connaissance de cette tradition chrétienne, estimait ce travail sur soi essentiel : « « Travailler à soi-même » (...) Si la paix s'installe un jour, elle ne pourra être authentique que si chaque individu fait d'abord la paix en soi-même, extirpe tout sentiment de haine pour quelque race ou quelque peuple que ce soit, ou bien domine cette haine et la change en autre chose, peut-être même à la longue en amour- ou est-ce trop demander ? C'est pourtant la seule solution. »[9]

Ce vide en soi, de préparation de soi, ne se fait pas, curieusement, en chassant ce qui ne va pas. Au contraire, nous disons les choses, donc nous leur faisons de la place. Il n'est pas question de refouler les chagrins, les inquiétudes et la colère. Escamoter le temps du deuil serait malsain. Mais au lieu de ressasser ces choses au fond de nous, nous les déposons chez le Vivant. Mieux vaut tout lui dire, en toute simplicité. Cette démarche atteste qu'il n'est pas question de faire un pacte avec la douleur. Nous savons que l'esprit de prophétie s'éteint dans la tristesse. Il en fut ainsi de Jacob en deuil de Joseph, nous disent nos aînés, les Juifs.

---

8. Maître Eckhart, *Sermons*, Paris, Seuil, 1974, « Sermon 1, *Intravit Iesus in templum et coepit eicere vendentes et ementes. Matthaei* », trad. Jeanne Ancelet-Hustache, p. 45.
9. Etty Hillesum : *Les écrits d'Etty Hillesum, Journaux et lettres 1941-1943*, Paris, Seuil, 2008, trad. Philippe Noble, p. 608.

Alors, nous appelons la joie. Nous lui demandons de venir. Quand autrefois j'allais très mal, j'avais écrit à Elie Wiesel, lui demandant conseil. Il avait pris la peine de me répondre de sa main, à moi l'inconnue par qui il ne gagnait pas en prestige dans les médias. Il me disais d'«invoquer l'espérance». La réponse ne me plut pas, mais du tout! Comment invoquer ce en quoi je ne croyais plus? Je dois dire aujourd'hui qu'Elie Wiesel avait raison. L'espérance est venue. Mais je dois dire également que je l'ai invoquée à la façon de la veuve importune des Évangiles. J'ai vraiment insisté.

Laisser ses chances à la joie

Parfois nous tardons, dans la tristesse, à appeler la joie. Nous nous disons que ce sera pour plus tard, que maintenant ce n'est pas le moment, que nous sommes tout à notre deuil. Mais le cœur humain est assez vaste pour pouvoir vivre, en même temps, et un grand chagrin, et une très belle joie, ceci sans schizophrénie.

Comme le Messie, le chrétien n'éteint pas la mèche qui fume encore, ne froisse pas le roseau écrasé. Nous laisserons donc ses chances à la joie quand elle vient nous visiter, aussi modeste soit-elle.

Ce n'est pas du même ordre

Or nous expérimentons ceci: la joie descend toujours plus profond. Si nous le lui permettons, elle se fraye un chemin, forcit et descend, descend, descend toujours plus profond, dans la crypte de notre être, et là, secrètement, porte tout: nos chagrins et nos bonheurs. Ce n'est plus forcément de l'ordre de l'émotion. Mais c'est bien là. Oui, il y a les larmes, il y a ces moments où l'on croit que le cœur va imploser de douleur et, pourtant, en même temps, il y a aussi cette joie, définitive.

Les larmes, bien réelles, et cette joie, ce n'est pas au même niveau, ce n'est pas du même ordre. Nous savons désormais que nous sommes en chemin et que notre joie ne dépend pas des accidents de l'existence. La joie est plus profond.

Et si tout était restitué?

Secrètement nous en avons l'intuition, et en certaines heures bénies nous en avons même l'expérience, là, tout au fond, dans cette joie très calme, tout ce que nous pleurons nous est d'une mystérieuse façon restitué, tous ceux que nous pleurons nous sont redonnés. Nous avons là rendez-vous. C'est ce qui nous donnera la force de vivre les détresses futures.

D'année en année, nous faisons avant Noël ce travail pour accueillir et protéger la joie. Et voici que l'Avent s'aggrave, pour nous, alors même que le tragique perd de sa virulence, non pas de lui-même, mais dans le combat de la confiance.

Le *credo* de l'Avent

Tel est, dans mon pays, l'Alsace, le symbole de la couronne d'Avent. Nous la tressons de sapin, l'arbre vert au milieu des arbres morts de l'hiver. Nous la parons d'or, d'épices, de rubans chatoyants. Nous allumons ses bougies au moment de l'année où la ténèbre se fait de plus en plus envahissante, au point que l'on pourrait croire que la nuit parviendra à manger le jour.

Allumer la première, la deuxième, la troisième, la quatrième bougie de la couronne d'Avent, c'est poser un *credo* : «Oui, à vue humaine, le deuil et la perte sont les plus forts. Mais je crois qu'avec le Vivant le sourire et la tendresse auront le dernier mot. Oui, les combats quotidiens sont omniprésents et ils pourraient envahir toute mon existence. Mais avec le Vivant, je n'attends pas pour me réjouir qu'ils aient été surmontés. C'est tout de suite, au milieu – même de la lutte, que je me risque à goûter la lumière.» Défi terrible et doux.

Pas trop vite

Il y a dans les maisons le temps de la couronne d'Avent et d'elle seule. Le sapin n'est pas encore érigé. Au début de l'Avent, ce n'est pas encore son heure. Sinon, c'est déjà Noël avant que ce soit Noël et quand c'est Noël, ce n'est déjà plus Noël, le sapin tout sec perdant misérablement ses aiguilles devenues grises. Non, le sapin sera érigé en son heure et il accompagnera vraiment la fête qui, le 24 décembre au soir, ne fera que commencer pour huit jours sans discontinuer, puisque l'Église fête la naissance de Jésus à la façon des juifs orientaux, célébrant les huit jours du fils.

C'est une véritable école de vie : nous apprenons ou réapprenons à nous réjouir. Car souvent, nous ne supportons pas d'attendre. Souvent, n'osons plus nous réjouir. Nous craignons demain et les années à venir. De fait, il y a bien des raisons d'avoir peur. Tout notre rapport au temps, à la fête et à nous-mêmes en est désorganisé. L'Avent nous apprend cette autre façon de faire : savoir supporter voire savourer une attente, se réjouir, vivre la montée lente vers la fête en son acmé, parvenir à redescendre dans le quotidien avec désormais la fête au cœur pour toujours.

Les *Carnets du veilleur* de Jean-Pierre Jossua comportent cette réflexion sur le temps : « Ce qui advient et remplit l'instant naît du passé si on eût pu le prévoir, de l'avenir s'il est inattendu : hasard, liberté, don de Dieu. (User du mot : futur, selon le conseil de Ricœur, pour ce qui est prévisible, planifiable ; réserver celui d'avenir pour ce qui demeure inconnu et peut bousculer nos projets. » Et le même auteur d'ajouter avec humour : « Quand le téléphone sonne, le courrier arrive, il y a un suspens. Est-ce le passé qui me rattrape (suite des imbécillités que j'ai faites), le présent qui insiste (les soucis de l'heure), l'avenir qui s'annonce (un allègement inespéré ou, mieux, de l'inattendu ? »[10] Il me semble que l'enjeu, dans le travail sur soi toujours recommencé de l'Avent, est l'apaisement du cœur devant ce qui vient et ceci jusqu'à l'audace de jubiler par avance, bien que ce soit l'inconnu.

Dans l'immobilité silencieuse

Alors, pas de précipitation. Rien de bien visible dans la demeure : pas de sapin, pas d'enfant dans la crèche, pas de *Christstollen* encore, cette pâtisserie traditionnelle en vente dans les grandes surfaces dès novembre mais normalement réservée à Noël ; juste la couronne d'Avent, l'odeur des *bredele,* les préparatifs secrets des cadeaux. Beaucoup d'immobilité surtout. En effet, qui aurait l'idée de bouger une femme enceinte ? Il n'y a que l'administration romaine dans les Évangiles pour avoir de telles initiatives. L'Avent, c'est le temps de quelques visitations, ces rencontres d'encouragement tacite ou explicite dans lesquelles peut se manifester l'Autre Présence. L'Avent, c'est le temps du recueillement, fait de concerts, veillées, lectures publiques ou privées, prière personnelle. Dans cette immobilité se fait le travail du cœur. Se creuse la confiance en un Dieu qui vient, s'émeut l'émerveillement pour

---

10. Jean-Pierre Jossua : *Carnets du veilleur,* Paris-Orbey, Arfuyen, 2006, p. 19 et 85.

un Dieu souhaitant la rencontre juste pour elle-même, pour venir jouer avec les enfants des hommes[11].

C'est de faire fond là-dessus que le cœur prend le risque de se réjouir: avec le Vivant, tout ce qui viendra, je saurai le vivre et je saurai le vivre bien. Je saurai même y vivre du très beau, jusque dans l'invivable. Le oui se prépare: Que Dieu naisse à Noël au fond de moi!

*

Le mot Avent ne s'écrit pas comme la préposition «avant», bien qu'il s'agisse de la période précédant Noël. Le mot est en effet de la famille de «venue», ce qui explique son orthographe. La force de l'Avent est de nous préparer joyeusement à l'avenir.

Nous le comprenons bien, Noël ne sera donc pas un anniversaire. Ce sera la venue du Christ en moi et dans ma vie, ici et maintenant. Ce sera ma préparation à sa venue à la fin des temps, à la fin du monde et à l'heure de ma mort qui est aussi une fin du monde. Ce sera ma propre venue à la vie et la mémoire vive de cet événement, naissance à la vie dans les ahans d'une existence.

---

11. Pr 8, 31 et Mt 11, 16-17.

Une figure d'Avent :
Elie, *alias* Jean-Baptiste

« Le Messie ne vient qu'à coup sûr et après s'être longuement et tacitement précédé comme par les pas à peine audibles de quelqu'un qui vient de loin » écrit le poète Jean Grosjean[12]. Je le crois, et ceci dans la vie des peuples comme dans celle des individus. Ces façons de se précéder sont, dans une même existence, multiples, à chaque fois uniques pour chacun, en fonction de son histoire et de son être propres. Il est cependant une constante. En effet, parmi ces façons de se précéder, il en est une qui toujours advient : toujours surgit, avant le Messie, son précurseur, Elie, *alias* Jean-Baptiste. Il est venu dans l'histoire de l'humanité, il vient dans l'histoire de tout homme, il vient dans notre histoire.

*

Dans le Premier Testament

Qui est-il, Elie ? C'est l'une des figures maîtresses du Premier Testament, où il arpente les Livres des Rois. C'est l'une des figures majeures du judaïsme. Mais la tradition chrétienne le reconnaît aussi pour maître, notamment les contemplatifs du Carmel.

Centré sur l'essentiel, il vit frugalement, porte un vêtement de poil, la ceinture en cuir des combattants et le manteau des prophètes. Il n'a pas de femme. C'est un être fait d'un seul empan. Une énergie farouche le soulève. Elle lui vient de la passion qui l'habite : l'amour pour le Dieu vivant, inscrit jusque dans son nom : « Mon Dieu, c'est Yah ! »[13] Homme d'action et de prière, il voit jusque dans l'invisible.

---
12. Jean Grosjean : *L'ironie christique,* Paris, Gallimard, 1991, p. 58.
13. O. Odelain et R. Séguineau : *Dictionnaire des noms propres de la Bible,* Paris, Cerf, 1978.

Il n'est pas commode. Pendant longtemps, il a confondu Dieu et la violence. Mais il a appris « l'étrange douceur »[14], par delà un immense découragement survenu au milieu du succès. Dès lors, il s'est vu confier des disciples. Il enseigne la fidélité de chacun à sa conscience propre, invite à la clarté mais ne rend de comptes à personne d'autre que Dieu, rappelle la nécessité de choisir. Ce faisant, il déplaît peut-être mais libère de ce qu'en psychologie contemporaine nous appelons la double contrainte, selon laquelle il s'agit de vivre deux devoirs contradictoires simultanément, ce qui est impossible et enchaîne fatalement à la culpabilité. Sa tâche dans le temps est fixée. En effet, ainsi retentit la finale du Premier Testament, juste avant l'ouverture de l'Evangile : « Je vous envoie Elie, le prophète, avant que n'arrive le jour du Seigneur, jour grand et redoutable. Il ramènera le cœur des pères vers les fils et le cœur des fils vers leurs pères. » Ml 3, 24

Dans les Évangiles

Jésus confirme cette tradition : Elie doit venir en précurseur du Messie et « tout rétablir ». « Elie est venu » ajoute-t-il, se désignant par là – même, indirectement, comme le Messie. Chez Matthieu[15], le Christ le dit à deux reprises et sa parole se fait alors à la fois poétique et particulièrement insistante, en même temps qu'ample, avec son rythme ternaire : « Qu'êtes-vous allés regarder au désert ? Un roseau agité par le vent ? Alors, qu'êtes-vous allés voir ? Un homme vêtu d'habits élégants ? (...) Alors qu'êtes-vous allés voir ? Un prophète ? Oui, je vous le déclare, et plus qu'un prophète. C'est celui dont il est écrit... » ; « Certes Elie va venir (...) mais, je vous le déclare, Elie est déjà venu et, au lieu de le reconnaître, ils ont fait de lui tout ce qu'ils ont voulu. Le Fils de l'homme lui aussi va souffrir par eux. »

« Elie est déjà venu... » Il y a, de fait, Jean-Baptiste, cet homme vêtu de poil de chameau, parti vivre à l'écart où il enseigne des disciples et accueille tous ceux qui aspirent au baptême, disant le saut de la confiance en Dieu. Il a une parole à la fois réaliste et

---

14. Je reprends cette expression à Maurice Bellet : *La quatrième hypothèse,* Paris, Desclée de Brouwer, 2001, p. 107.
15. Mt 11, 7-14 et Mt 17, 10-13.

intransigeante. Il a su préparer une révolution cultuelle, et donc culturelle, gigantesque, dont nous sommes aujourd'hui encore les bénéficiaires. Car si nous ne vivons plus notre foi dans l'attachement nostalgique au Temple de Jérusalem, avec tous les conflits qui peuvent s'ensuivre, c'est parce que lui, le prêtre sacrificateur, descendant de génération en génération de sacrificateurs, a déplacé le culte en la personne du Christ. Si nous ne pratiquons plus le sacrifice de l'agneau, c'est parce qu'il a reconnu en Christ l'Agneau qui définitivement enlève le péché du monde.

«Elie est déjà venu... » Ce n'est pas un problème de réincarnation, c'est une question d'archétype et de symbole. Pour rentrer dans cette façon de s'exprimer, il s'agit d'être à la fois très affirmatif et très souple : très affirmatif, parce que quelque chose d'essentiel se joue là, à partir de quoi nous construisons notre oui au Messie, notre oui à Dieu, notre oui à notre propre histoire ; très souple, parce que nous sommes là dans le registre des analogies, qui n'ont pas la rigidité des équations, mais laissent un certain jeu, dans tous les sens de ce mot, s'exercer, pour que la réalité puisse advenir, si bien que l'humour juif n'est pas étranger à la connaissance d'Elie.

Dans la tradition juive

La tradition juive, dans la liturgie d'une part, dans beaucoup de récits de sagesse d'autre part, évoque abondamment le retour d'Elie au fil des siècles et aujourd'hui encore. Ainsi, lors des circoncisions, donc de la perpétuation du signe de l'alliance, Elie est censé être là et un fauteuil lui est réservé. À chaque repas pascal, dans toutes les maisons, une coupe de vin est là pour lui, qui, cette nuit-là, vient visiter chaque famille une à une.

Alors, Elie Wiesel raconte, dans son beau livre *Le chant des morts*[16], qu'il lui a été donné, enfant, de voir Elie, au soir de la dernière Pâque célébrée avec les siens. Un étranger était venu partager le repas, avait interrompu la liturgie familiale par des propos véhéments, avait déclaré que Pharaon était tout proche, à la porte. Puis il s'était brusquement éclipsé. Quelques semaines plus tard, cet homme était dans le même train qu'Elie Wiesel et sa famille, le premier train qui quittait le Ghetto pour Auschwitz. Il allait les

---

16. Elie Wiesel : *Le chant des morts,* Paris, Seuil, 1966, p. 25-33.

mains vides, alors que les autres emportaient quelques affaires. Et l'auteur de conclure : « Aujourd'hui, je sais ce que j'ignorais alors : qu'au bout d'un long voyage qui allait durer quatre jours et trois nuits, il débarqua dans une petite gare, près d'une bourgade tranquille, quelque part en Silésie, où l'attendait déjà son carrosse de feu[17] pour l'emporter au ciel : cela ne prouve-t-il pas assez qu'il était le prophète Elie ? »

Dans bien des contes juifs[18], qui sont autant de textes initiatiques, Elie, craint et cependant appelé au secours, longtemps attendu, survient de façon inopinée. Pour ces visites imprévues, il prend des apparences diverses, souvent celle d'un vieux mendiant. En effet, avertit Elie Wiesel : « Comme on ignore de quoi il a l'air, il peut adopter n'importe quelle physionomie. Ses déguisements sont multiples et fantaisistes. »[19]

Il ne vous enveloppe pas de gentillesse. Il est bon, c'est autrement stimulant. Ainsi, il ne se dérangera pas pour n'importe quoi, mais il peut toujours être appelé dans l'épreuve[20]. Il dit, d'une parole sûre, qui toujours s'accomplit, mais déconcerte. L'on pressent qu'il garde un secret. Il console et disparaît aussitôt.

Pour toutes ces raisons, le peuple juif éprouve à son égard une tendresse et une révérence particulières. Ici encore, écoutons Elie Wiesel : « Le prophète Elie : l'ami des enfants malheureux, le protecteur des vieillards désespérés. Présent dans la joie autant que dans la détresse, il incarne le rêve du poète aussi bien que le défi du philosophe. Elie et ses batailles. Elie et ses victoires, jusqu'à la victoire sur la mort. Elie, l'immortel. Elie, notre intercesseur éternel devant l'Eternel. »[21]

Dans nos existences

Dans notre vie de chrétien, un jour ou l'autre s'est ainsi présenté le Précurseur. Il n'était pas l'époux, mais l'ami de l'époux Jn 3,

---

17. Allusion aux fours crématoires.
18. Voir par exemple : *Contes juifs*, racontés par Leo Pavlat, Paris, Gründ, 1986, « Troisième lumière – À propos du prophète Elie » p. 61-70.
19. Elie Wiesel : *Célébration prophétique,* Paris, Seuil, 1998, p. 184.
20. Est-ce pour cette raison que, lorsque Jésus en croix dit le psaume XXII (21), les témoins, ne comprenant pas, interprètent son cri comme un appel au prophète Elie ? Mt 27, 46-47.
21. Elie Wiesel : *Célébration prophétique,* p. 174.

28-29. Il n'était pas le Messie, mais préparait le chemin vers lui Mt 11, 10. Ce fut l'éveilleur.

Il était pasteur, prêtre, enseignant, commerçant, agent immobilier, ou coiffeur. C'était un malade visité. Un médecin me disait : « Pour moi, ce fut Etty Hillesum ! » Pour Etty Hillesum elle-même, la jeune femme juive morte en camp de concentration, devenue amoureuse des Écritures, auteur d'un journal et de lettres qui témoignent d'une espérance n'excluant pas le Christ, je crois que le précurseur fut le poète Rilke, en son œuvre. Pour tel protestant, arrivé par je ne sais quel chemin à un office en monastère, ce fut une moniale, dans la simple rencontre de son regard clair, telle une commotion.

Or, nous l'avons reconnu, Elie. Heureusement, car, Jésus le pointe en Mt 17, 12 cité ci-dessus, il y avait là *kaïros,* c'est-à-dire moment décisif. Ou bien nous annulions le visiteur et, ce faisant, nous nous abîmions encore un peu plus, ou bien nous l'accueillions et, par là-même, connaissions un élargissement de notre être propre. Nous avons accueilli. Ce fut une joie, et elle seule importe, mais ce fut aussi une épreuve. La confiance, c'est si difficile ! Faire confiance à Dieu est dur. Faire confiance à son envoyé semble plus problématique encore. Il est humain, donc faillible... Nous avons été si souvent abusés. Et puis, cet Elie était si silencieux, si surprenant, voire déboussolant.

Malgré les peurs, du milieu de celles-ci, nous avons risqué la confiance. Sur quels critères ? Nous avons écouté, en nous, l'élan premier vers Elie – le « parce que c'était lui » de Montaigne, le « il est un instinct pour toutes les rencontres » de Victor Hugo –, élan ratifié par la reconnaissance de la parole qui ne ment pas. Restait cependant la part d'inconnu qui fait de la confiance une audace perpétuelle.

Puis il y eut les fruits de la rencontre : une remise d'aplomb, une réconciliation, une aptitude plus grande à exister, c'est-à-dire, étymologiquement, « à se tenir sur le seuil » de son être, attentif à la venue du Messie.

*

Cette capacité d'attention et d'émerveillement renouvelée transforme le quotidien. L'existence, en dépit de ses difficultés, prend un tour malicieux à certaines heures. Car Elie revient, pour un encouragement ponctuel.

Ainsi, ce matin, je suis sûre, après coup, de l'avoir rencontré. Il s'était déguisé en babouchka à Strasbourg. Il y eut tout à coup cette dame très âgée, inconnue, d'origine russe, maîtrisant six langues dont l'hébreu, qui me demandait de l'aider, au bord d'un trottoir trop élevé pour elle, et prenait le même bus que moi. Tout de suite, la conversation s'engagea, très directe, et vive. Cette femme sut très vite beaucoup de choses sur moi. À la fois douloureuse et savoureuse de témérité, d'intelligence, de culture, d'humour et de féminité, elle me fascinait. En deux citations de poète, en quelques phrases lapidaires, par l'un ou l'autre monosyllabe ironique et pourtant bienveillant, j'appris beaucoup, sur moi, sur l'existence, sur le courage. Or elle était arrivée à destination. Je continuai seule. Une force sans grandes illusions se communiquait à moi dans son rire, qui perdurait.

Annonciation :
« Vivant, j'ai frémi de joie à l'ombre de tes ailes ! »

Lc 1, 26-38, traduction de la Bible de Jérusalem

Les Écritures nous disent ceci : « Le sixième mois, l'ange Gabriel fut envoyé par Dieu dans une ville de Galilée, appelée Nazareth, à une vierge fiancée à un homme du nom de Joseph, de la maison de David ; et le nom de la vierge était Marie. Il entra chez elle et lui dit : « Salut, comblée de grâce, le Seigneur est avec toi. » À ces mots, elle fut bouleversée, et elle se demandait ce que signifiait cette salutation. Mais l'ange lui dit : « Rassure-toi, Marie ; car tu as trouvé grâce auprès de Dieu. Voici que tu concevras et enfanteras un fils, et tu lui donneras le nom de Jésus. Il sera grand, et on l'appellera Fils du Très Haut. Le Seigneur Dieu lui donnera le trône de David, son père ; il règnera sur la maison de Jacob à jamais et son règne n'aura point de fin. » Mais Marie dit à l'ange : « Comment cela se fera-t-il, puisque je ne connais point d'homme ? » L'ange lui répondit : « L'Esprit Saint viendra sur toi, et la puissance du Très Haut te prendra sous son ombre ; c'est pourquoi l'enfant sera saint et sera appelé Fils de Dieu. Et voici qu'Elisabeth, ta parente, vient, elle aussi, de concevoir un fils en sa vieillesse, et elle en est à son sixième mois, elle qu'on appelait la stérile ; car rien n'est impossible à Dieu. » Marie dit alors : « Je suis la servante du Seigneur ; qu'il m'advienne selon ta parole ! » Et l'ange la quitta. »

C'est frais comme un printemps

Il se peut que nous approchions ce texte pour la première fois. Il se peut que nous l'ayons déjà entendu de nombreuses fois. Il se peut que nous ayons une tendresse particulière pour Marie. Il se peut que nous ayons du mal avec elle. Impossible pourtant de ne pas être profondément ému à la lecture de cette page d'Evangile ! C'est frais comme un printemps.

De fait, nous sommes au commencement : « L'Esprit de Dieu planait sur les eaux » disait la Genèse ; « L'Esprit de Dieu te prendra sous son ombre » entendons-nous aujourd'hui. C'est la même réalité. De quoi s'agit-il ?

*

Nous sommes devant le mystère de ces heures bénies où nous nous laissons habiter par la Présence de Dieu. Elle est source de paix et de joie jusqu'au milieu du terrible, donatrice d'avenir quand bien même tout serait perdu.

Un effleurement très doux

Pour le dire, la Bible utilise une image, une métaphore : « L'Esprit de Dieu planait sur les eaux. » Gn 1, 2. Nous traduisons comme nous le pouvons, mais c'est intraduisible. Le verbe hébreu ici utilisé, *merarefet,* désigne un effleurement très doux, léger comme celui d'une aile. C'est, dans le monde du toucher, le « fin murmure » qu'entendit Elie sur l'Horeb. Telle vient à nous la Présence, la Présence divine, que nos amis juifs nomment la *Chekhinah*. C'est cela qui adviendra sur Marie, en grec *episkiasei*. L'Esprit de Dieu fera venir son ombre sur elle. Nous reconnaissons cette ombre, c'est celle de l'Exode, comme notre foi sombre le jour et lumineuse la nuit. Au désert, l'ombre de la *Chekhinah* s'établit pour le peuple juif sur la tente de la Rencontre. Le verbe grec disant sa venue sur Marie exprime à la fois un mouvement vers elle, le fait de reposer sur elle, de se déposer en elle, et de faire advenir un accomplissement.

Un avenir malgré tout

Et voici qu'un avenir redeviendra possible, là où il n'y en avait pas ou plus, à vue humaine. Dans la Genèse, le chaos s'ordonnera à la voix divine et la création sera. Au livre de l'Exode, le peuple persécuté se reconstituera. Au temps de Marie, sous occupation romaine, une liberté neuve se frayera un chemin en Christ. Dans la vie des croyants en Israël, fervents mais peu nombreux, devenant le petit reste, il y aura visitation par le Messie. Et l'impossible adviendra pour la femme en sa chair, dans son corps.

Le Moyen Age a été très sensible à cette dimension de l'avenir avec Dieu possible malgré tout, au point que s'est développée une tradition non biblique certes, mais bien dans la logique des Écritures, la tradition de la Seconde Annonciation, que nous voyons chez le peintre Fouquet par exemple. Marie, femme mûre, est de nouveau visitée par l'ange. Il vient lui annoncer que l'heure est venue de passer vers le Père, de « mourir vers le Père », dirait le théologien François-Xavier Durrwell[22]. L'ange vient pour demander son assentiment. Or Marie répond comme en sa jeunesse. C'est oui. Par l'adhésion de Marie à Dieu et par la Présence de Dieu à Marie, la mort devient porteuse de vie malgré tout. Marie enfante Marie au toujours vivre que Dieu lui donne.

Rayonne, toi qui es dans le rayonnement de plénitude

Alors, dans l'Evangile de l'Annonciation, selon Luc, l'ange a cette salutation à Marie : *kaire kekaritoméne*. Nous entendons bien, même si nous ne comprenons pas le grec, que c'est tout joyeux et que cela sonne comme un jeu de mots : « Rayonne toi qui as été placée sous le rayonnement en plénitude, le rayonnement plénier. » C'est pour Marie. Cela peut aussi être pour nous.

Nous pouvons revenir au premier matin. Tout moment de notre vie peut être sous le signe du commencement. C'est bien pour cette raison que d'année en année nous relisons ensemble cet Evangile dans le temps liturgique de l'Avent. Nous plaçons notre propre vie dans cette dynamique, alors que l'année s'épuise et que nous sommes fatigués.

Revenir au premier matin

Comment revenir, ou plus justement venir, au premier matin ? Je crois qu'il s'agit de venir au Vivant avec tout ce qui est beau en nous et dans notre existence. Il y a toujours du beau en nous et dans notre existence. Mais je crois qu'il s'agit aussi de venir avec tout ce qui est chaotique en nous, tout ce qui est en attente d'accomplissement, tout ce qui est difficile pour nous, tout ce qui nous fait

---

22. François-Xavier Durrwell : *La mort du Fils,* Paris, Cerf, 2006, p. 81.

peur, tout ce qui se défait et se délite. Puissions-nous placer ceci sous le regard du Vivant et disposer notre cœur pour lui. J'ose croire qu'alors la Vie viendra nous visiter. Elle nous proposera de l'inouï, à quoi nous n'aurions sans doute pas pensé. Et plus tard, nous retournant sur cette heure, nous dirons avec le psalmiste : « Vivant ! J'ai frémi de joie, à l'ombre de tes ailes ! »

*

Un texte comme celui de l'Annonciation peut, malgré sa grande beauté, rester clos. À nous de l'ouvrir, en nous l'appropriant. Ce ne sera pas pour autant en faire notre chose. Il résisterait et ne donnerait aucun fruit. Il s'agit pour nous d'entrer dans le texte, de nous lire et de lire notre histoire possible en lui. Pas question néanmoins de répéter ce qui fut. La lecture figée avorterait elle aussi. Nous lirons en interprétant, laissant beaucoup de jeu à la parole, pour nous-même inventer, avec le Vivant.

Amen :
la naissance de notre Oui

Amen, c'est un mot superbe, que nous prononçons peut-être un peu machinalement. Il a pourtant une telle plénitude que, si j'en venais à perdre la parole et la possibilité de construire une pensée pour des raisons de santé, je voudrais que me soit laissée cette possibilité : dire en respirant longuement, régulièrement, « Amen », ceci au fil des heures et des jours. Alors, ma vie aurait toute sa saveur en dépit du handicap.

Je voudrais ici prendre le temps de déployer ce mot, venu de l'hébreu, entré dans notre civilisation par le biais de la liturgie. Il faisait partie des rites de la synagogue et du Temple en Israël, pour nous à redécouvrir. Jésus lui a donné une force nouvelle, tout en préservant ce qu'il était antérieurement. Et Paul de nous dire, dans un raccourci typique de sa façon d'écrire, que le Christ « n'a été que oui » 2 Co 1, 18-22.

*

Jésus n'est pas un béni-oui-oui

Or des « non », Jésus en a posé beaucoup, avec une grande netteté. Il y a, au commencement de sa vie publique, le « non » réitéré à Satan, dans la tentation au désert. Il y a, juste avant la Passion, le même « non » à la proposition de Pierre, de se détourner de ce qu'il a à faire. Il y a, tout au long de son ministère, son refus des compromissions, qu'on lui a fait payer de sa vie, et le fait, notamment, qu'il ait chassé les marchands du Temple pour y libérer la place réservée en ce lieu aux non – juifs fut déterminant. Vraiment, détenteur du glaive acéré à deux tranchants Ap 1, 16, le Christ n'est pas un béni-oui-oui.

Dire « non » sans provocation, à bon escient et fermement, c'est difficile, pour bien des raisons. Le non et ses conséquences font peur. Nous craignons de déplaire, de perdre des avantages, de nous retrouver isolés ou, bien plus grave, de blesser. De façon significative, l'habitude est de dire aujourd'hui, dans le langage courant, « négatif » pour « mauvais ». C'est sans doute calomnier le non. Jésus sait dire « non », ose dire « non », et, auprès de lui, nous apprenons à dire, nous aussi, « non ».

Un non qui n'est jamais « contre »

Il est vrai cependant que tous les « non » de Jésus sont pour un « oui », qui ne varie pas. Jamais, le Christ n'est contre quelqu'un. Il refuse un comportement, une parole, une disposition intérieure, mais ne rejette pas la personne et il interdit de la juger. Il va même plus loin. Quoi qu'une personne lui ait fait, si elle l'appelle au secours, il l'accueille avec bienveillance. « Et quelqu'un qui vient à moi, dit-il, je ne le jette pas dehors. »[23]

Quand Jésus dit non à quelqu'un, c'est toujours pour déployer son être. C'est pour cette raison qu'il sait nous expliquer que son Père également, quand il dit non, réagit de la sorte : il dit non pour protéger la vie et la mener vers une plus grande plénitude. C'est l'image de la taille du vigneron. Celui-ci ne coupe pas le cep, il ne tranche pas dans la vitalité. Il enlève les sarments morts n'ayant pas d'avenir et émonde les sarments superflus en lesquels la vigne s'éparpillerait, s'épuiserait au point de ne plus pouvoir donner de vraie récolte[24].

Jésus et son Père sont tellement d'accord là-dessus, que le Fils peut dire : « Tout ce que je te demande, tu me le donnes. »[25]. Il a en effet appris à ne demander que ce qui est pour la vie. Le Père sera pour la vie, donc pour ce qui est demandé. Le Père le donnera

---

23. Jn 6, 37, trad. Jean Grosjean dans *L'ironie christique,* Paris, Gallimard, 1991, p. 110.
24. Jn 15, 2. Marie Balmary a un développement intéressant à ce sujet, lorsqu'elle compare les concepts, l'un, psychanalytique, de « castration », et l'autre, biblique, de « taille qui émonde ». Elle écrit : « Pourquoi avoir choisi le mot « castration », un terme vétérinaire, ce qu'on fait à l'animal lorsqu'on lui laisse la vie en lui retirant le pouvoir de vie ? » (Marie Balmary : *Le moine et la psychanalyste,* Paris, Albin Michel, 2005, p. 187). Elle ajoute : « Circoncire et émonder, deux termes pour dire une blessure qui donne à la vie une autre force, celle de la parole en première personne, du Je » (*id.* p. 189.)
25. Jn 11, 42. Littéralement : « Moi, je savais que toujours tu m'entends » Trad. Sœur Jeanne d'Arc, « je savais bien que tu m'exauces toujours » Trad. TOB.

d'une façon ou d'une autre. Nous entrons dans le même processus à mesure que nous prenons de la maturité dans la prière.

Jésus n'a été que oui

Essentiellement, et c'est bien pour cela qu'il fonde, le Christ n'est que oui. Jésus est venu dans le monde en disant oui. Cette parole du psalmiste est sienne : « Tu ne voulais ni offrande ni sacrifice, (...) tu ne demandais ni holocauste ni victime, alors j'ai dit : « Voici, je viens... » » Ps 39. Jésus est mort avec ces mots, d'un autre psaume : « Tout est accompli » Ps 21. Tout au long de son existence, il a lutté, non contre le mal, mais pour le bien, ce qui est très différent.

Il est resté fidèle à lui-même, à son Père, à l'Esprit, donc à la vie. Alors il est pur, c'est-à-dire, comme le traduit Marie Balmary, non mêlé[26]. Sa cohérence, qui n'a rien à voir avec l'idéologie parce qu'elle est toute de *Gelassenheit*, de souple confiance, tient jusque dans la torture et la mort. Même alors, il ne remet pas en question son amour pour le Père, ni son engagement pour nous, les hommes.

Enfin, il nous invite, nous aussi, à la cohérence : « Que votre oui soit oui, que votre non soit non » Mt 5, 37. Pourquoi ? Parce qu'il sait que le mensonge coupe en deux[27], donc rend fou, et que l'ambivalence laissée à elle-même fait imploser la personnalité. Ne dit-il pas qu'un royaume divisé court à sa ruine Mc 3, 24 ?

Le nom et la signature de Jésus

Paul a bien raison : Christ n'est que oui, à tel point que, dans l'Apocalypse Ap 3, 14, Amen est son nom. Le mot signifie : « Oui, c'est vrai, c'est sûr ». Il y a en lui la notion de socle, le fait que les choses sont établies, qu'elles trouvent là leur stabilité, une stabilité de roc. Alors, dans la civilisation de Jésus, le mot « amen » peut sceller un contrat, de mariage par exemple. De fait, le Christ scelle, dans sa personne, l'alliance de la terre et du ciel, de Dieu et de l'humanité. Dans ses mots à lui, Paul dit : « Toutes les promesses de Dieu ont trouvé leur OUI dans sa personne. Aussi est-ce par lui que nous disons Amen à Dieu » 2 Co 1, 20.

Si le mot « amen » est l'un des noms du Christ, c'est aussi sa signature. En effet, dans les Évangiles, Jésus dit très souvent, en

---

26. Marie Balmary : *Le sacrifice interdit,* Paris, Grasset, 1986, p. 96.
27. Dn 13, 55 et 59.

début d'assertion : « Amen, je vous le dis ». C'est une façon de parler tout à fait inhabituelle. L'Amen figure, normalement, à la fin d'un propos. Quelque chose de l'autorité du Christ se dit donc là. Et dans cette marque bien personnelle, audacieuse, nous avons une trace presque tangible de Jésus.

Amen, notre part d'autorité

« Amen » : le mot est très beau. Musiciens et poètes le chantent au long des siècles, le chantent aujourd'hui même. Puissions-nous le redécouvrir ou continuer de le chérir dans le déroulement liturgique. C'est notre lot, notre part par excellence, à nous qui prenons place dans l'assemblée. Or, ce n'est pas un appendice de la liturgie. C'est sur l'Amen que tout se fonde. Nous authentifions, en le ratifiant, ce que le célébrant vient de poser, ceci de tout notre poids, en notre nom personnel et au nom de l'assemblée réunie : « Oui, Amen, c'est comme cela ! » Nous devenons témoin.

Car le mot « amen », dans les Écritures, est celui de la confiance. Sa première occurrence figure au moment où Abraham apprend qu'il aura une descendance avec Sarah[28]. Alors, la confiance d'Abraham est un amen. Cette confiance tient jusque dans les tempêtes. En effet, l'amen, qui peut être utilisé dans l'adjuration d'une femme adultère Nb 5, 22, laisse entendre que les choses sont fermes au point qu'elles tiendront bon dans le soupçon et que celui qui est en butte à la calomnie, au doute, à la méfiance, ne se laissera pas désarçonner par ces attaques. Enfin, « amen » signifie que j'assume la position que j'ai prise, la parole que j'ai dite, l'acte que j'ai posé Dt 27, 15-26 : on m'a averti, j'ai fait ce que j'estimais devoir faire, j'en réponds. Bien sûr, notre Amen liturgique signifie donc aussi : « J'accepte et je m'engage ».

Donner forme à son oui

Dans la Bible, chacun donne forme à son oui, d'une façon tout à fait personnelle. Nous pensons au oui de Marie, audacieux : enceinte avant le mariage, elle risque la lapidation dans sa civilisation Dt 22,21,

---

28. Gn 15, 6. Je remercie ici tout particulièrement Monsieur le Rabbin Alain Weil qui a accepté de me donner du temps et de répondre à mes questions au sujet du mot « amen », m'ouvrant généreusement les Écritures.

même si les lois en son temps ne sont plus vraiment appliquées dans leur littéralité. Pierre Emmanuel s'émerveille devant ce oui :

« Tout tient en un seul mot : obéissance.
Non pas celle de l'âme serve appesantie
L'effort bovin, buté, l'oeil plein de mouches
Le joug,
Mais l'éblouissant face à face
D'un même oui. »[29]

Péguy, quant à lui, dans son long poème intitulé *Eve*, est attentif au oui de celle-ci, qui choisit d'aller de l'avant quoi qu'il en soit, maintenant que le paradis est perdu. Il y a aussi dans la Genèse le oui de Rébecca, qui consent à se mettre en marche vers sa vie de femme adulte, en partant au loin vers son mari inconnu, avec le serviteur Eliezer. Ce n'est pas sans rappeler la démarche d'Abraham, qu'un autre poète, Jean Grosjean, reprend ainsi à son compte, dans le grand âge, face à la mort : « Il nous a été dit : Là-bas. (...) Je pose mon pied sur mes peurs et je vais. »[30]

Impossible de nommer tous les oui bibliques, du Premier et du Nouveau Testament, mais il est certain que chaque figure de croyant dans les Écritures peut être abordée par le lecteur avec cette question : « Quel est son « oui » ? » Il y en a toujours un, travaillé et retravaillé tout au long de l'existence. Or cet assentiment est à chaque fois unique. Il en va de même pour le nôtre.

Quand j'en reste au « Non ! »

Mais c'est peut-être le « non » qui nous habite : non devant la condition humaine, non devant la violence dont nous sommes témoins ou victimes, non devant nos rêves brisés alors qu'ils étaient légitimes, non devant ce que nous avons à vivre, non à l'avenir.

Dans ce cas, le mieux est sans doute de le dire à Dieu, voire de le lui crier, de le lui hurler. Il est assez fort pour le supporter. Il s'agit simplement pour nous de rester loyal, comme dans la parabole des deux fils que raconte Jésus dans l'Evangile selon Matthieu :

---

29. Pierre Emmanuel : *Sophia*, dans *Oeuvres poétiques complètes*, Second volume, Lausanne, L'âge d'Homme, 2003, p. 297-8.
30. Jean Grosjean : *La rumeur des cortèges*, Paris, Gallimard, 2005, p. 67.

« Un homme avait deux fils. S'avançant vers le premier, il lui dit : « Mon enfant, va donc aujourd'hui travailler à la vigne. » Celui-ci lui répondit : « Je ne veux pas » ; un peu plus tard, s'étant repenti, il y alla. S'avançant vers le second, il lui dit la même chose. Celui-ci lui répondit : « J'y vais, Seigneur » ; mais il n'y alla pas. » Et Jésus de demander : « Lequel des deux a fait la volonté du Père ? » Mt 21, 28-31.

Le « oui » est un au-delà du combat, non son en deçà, comme l'amour est au-delà de la haine, reconnue et traversée.

La naissance du oui

Il se peut néanmoins que nous en soyons venus à aimer le « Oui » du Christ. Nous pressentons que paradoxalement la liberté est dans cette obéissance, qui n'a rien de servile. Nous savons que la vie est dans ce consentement, qui pourtant ne se résigne jamais. « Tout ce qui vit obéit »[31] disait Nietzsche, qui ne peut être soupçonné de soumission.

Nous aspirons à la cohérence de l'assentiment. Nous voudrions pouvoir dire comme Etty Hillesum : « Il y allait (...) de ma vie et de mon destin, j'étais prête à les affronter et ce destin, avec ses menaces, ses incertitudes, sa foi et son amour, se refermait sur moi et m'allait comme un gant. »[32]

Un oui qui ne renie rien

Qu'est-ce que l'assentiment ? Nous saisissons que dire « oui » n'est pas ici souscrire à des propos et des projets qui ne sont pas les nôtres et dans lesquels on se laisse traîner, dans une attitude suiviste. Une réflexion de Newmann, intitulée *Grammaire de l'assentiment*, qui désormais fait date dans le christianisme, laisse entendre, par son titre même, que l'assentiment s'apprend et structure le sujet, ainsi que son existence, leur conférant une unité, alors même qu'il peut y avoir le sentiment d'une perte de la maîtrise des événements et d'une désorganisation de ses projets. « L'assentiment est la syntaxe » disait Pierre Emmanuel[33]. Nous

---

31. Nietzsche : *Ainsi parlait Zarathoustra*, trad. Geneviève Blanquis, Paris, Aubier-Flammarion, 1969, tome I, p. 249.
32. Etty Hillesum : *Les écrits, journaux et lettres*, 1941-1943, édition intégrale, trad. Philippe Noble avec la collaboration d'Isabelle Rosselin, Paris, Seuil, 2008, p. 662.
33. Pierre Emmanuel : *Tu*, dans *Oeuvres poétiques complètes*, Second volume, p. 470.

savons aussi que le oui ne doit rien renier. La révolte de Job reste intacte quand il met sa main sur la bouche et adore. Simplement, il reconnaît qu'un autre point de vue permet une lecture de la création plus unifiée.

Nous comprenons aussi que l'assentiment, c'est dire et faire ce que Dieu ne veut pas faire à notre place et que nous seul pouvons inventer. C'est notre contribution, joyeuse, et gracieuse dans tous les sens du terme, au Royaume, une contribution tout à fait unique, que personne d'autre que nous ne peut apporter. Alors, notre «Oui», nous sommes impatients de le donner.

La peur du oui

Or nous ne nous sentons pas assez sûrs, ni de nous, ni de ce qui peut arriver. Notre prière – et pourquoi pas? – est celle de cet homme dans les Évangiles qui, dans un seul souffle, disait à Jésus: «Je crois! Viens au secours de mon manque de foi!» Mc9, 24 Ce cri effectivement souvent monte en moi: «Seigneur, je crois, mais protège-moi du terrible.»

Confronté à cela, très conscient de son ambivalence et de sa faiblesse, le poète Pierre Emmanuel comptait sur le Christ en nous pour tenir dans le oui. Il se risquait ainsi à penser que: «Quand nous douterions de nous jusqu'à la moelle, notre foi se manifestera au temps juste, en nous en dépit de nous (...) »[34] D'où cette affirmation: Je, Dieu, «Ces deux mots ne céderont pas à la torture, car un Autre en est le gardien. Ils ne mourront pas avec cet homme, mais cet homme en eux passe la mort.»[35]

Si, pour prononcer notre «Oui», nous attendons qu'il soit plénier, nous risquons de ne jamais le prononcer. Car il faut toute une vie pour donner forme à l'«Amen». Alors, pourquoi ne pas risquer aujourd'hui l'assentiment d'aujourd'hui, inchoatif, certes, mais là comme un état des recherches: «Voici mon oui à ce jour. Il est modeste, fragile, moins beau que ce que je voudrais qu'il soit. Je rêve de mieux. Mais c'est ce que j'arrive à dire aujourd'hui. J'ose croire qu'avec Toi, mon Dieu,

---

34. Pierre Emmanuel: *La face humaine,* Paris, Seuil, 1965, p. 84-5.
35. Pierre Emmanuel: *Babel,* dans *Oeuvres poétiques complètes,* Premier volume, Lausanne, L'Age d'Homme, 2001, p. 730.

j'arriverai à tenir dans ce «Oui». J'ose même croire qu'avec Toi j'apprendrai au long des jours à grandir dans mon «Oui», qui, de ce fait, pourra lui aussi s'affermir.»

*

Une histoire juive raconte :
Un roi avait un fils. Le fils, en rupture avec son père, partit au loin. Le roi lui fit parvenir un message :
— Reviens.
— Je ne peux pas, répondit le fils.
Le roi lui envoya alors cette autre missive :
— Fais la partie du chemin que tu peux faire ; moi, je ferai le reste.»
Et le chrétien de se dire, en entendant ce récit : «N'est-ce pas cela, l'incarnation?» J'ose croire que Dieu ne se lasse pas de venir à notre rencontre, où que nous en soyons. Puissions-nous accepter la main tendue et entrer ainsi dans le monde de la confiance.

Fêter Noël

Noël approche !
Pour beaucoup, et peut-être pour nous,
c'est un moment difficile.

*

Noël, c'est les boules !
Je revois cette collègue de travail, dynamique, dans la force de l'âge, mère de grands enfants, prenant brusquement appui contre un meuble, comme prise de vertige : « Oh ! quand je pense à tout ce qu'il y aura à faire dans les semaines à venir... » Je revois cette autre femme, le front soudain barré d'une ride soucieuse : « Cette année, de quel côté de la famille aller, afin de ne léser personne, les uns et les autres prenant de l'âge et ne pouvant plus se déplacer facilement ? Et puis, il y a les susceptibilités à ménager ! »

J'entends ceux qui ont du mal avec leur famille : ils appréhendent ce moment de proximité obligatoire, dans la bonne entente voire la tendresse obligatoires. Cela les fige dans l'expression de leur amour. Il en résulte un grand malaise. Or comme par hasard, voici qu'éclatent de grosses colères ! On s'imagine que dans les autres familles, c'est le plus beau soir de l'année et l'on est encore plus en difficulté avec les siens.

J'entends ceux qui n'ont pas de famille : c'est littéralement la course aux abris. Il s'agit de trouver un lieu, de limiter autant que possible les contacts avec tout ce qui évoque Noël et de voir le moins possible les familles, bien sûr heureuses, elles. À peine ceci sera-t-il traversé, que tout recommencera pour le Nouvel An. Dès le début du mois de décembre, c'est vraiment « les boules » !!!

Et il y a ceux, famille ou pas, qui, trop tristes pour pouvoir supporter la fête, se cachent. Tous enfin, même si nous nous réjouissons, nous voici ramenés sur un terrain dangereux, celui de l'enfance. Souvenirs, nostalgies, manques jamais comblés...

Paradoxe : Noël, là pour réconforter, augmente les difficultés

Or, selon un certain consensus social, Noël est un moment merveilleux. Ne pas se sentir au diapason de ce bonheur, c'est pénible, non seulement parce qu'on se sent étranger, presque exclu, mais parce qu'on a le sentiment de ne pas être à la hauteur. La dernière fête de Noël, j'en ai entendu parler pour la première fois un mois après Pâques, donc près de huit mois à l'avance. Et c'était déjà pour les interlocuteurs un souci. Nous sommes là en plein paradoxe. La fête est là pour nous réconforter, plus que toute autre. Elle proclame : « Paix aux hommes de bonne volonté ! » Mais voici qu'elle augmente nos difficultés.

À moins que Noël ne soit pas en cause, mais que ce soit tout un ensemble d'idées reçues qui nous complique ici la vie ! Et si nous osions être libres par rapport à tout cela, de façon à ce que Noël, pour nous aussi, puisse être bonheur, dans la fidélité au secret, clamé sur tous les toits, de cette fête ? Peut-être s'agit-il d'abord de dégager Noël de ce qu'il n'est pas.

Délivrer Noël

Non, l'enfant n'est pas au centre de cette fête. Pas même l'enfant que j'ai été et que je suis encore au fond de moi. Le sapin n'est pas érigé pour eux, mais pour le Christ. Savoir cela dissipe le regret : « Ah ! Autrefois, quand mes parents construisaient Noël pour moi... » ou « Pour moi, il n'y a jamais eu toutes ces attentions. »

Non, même si nous sommes dans l'Évangile avec Marie, Joseph et l'enfant Jésus, Noël, ce n'est pas « la famille ». Ce serait considérablement restreindre les dimensions de cette fête, qui est cosmique. Noël, c'est la famille certes, mais aussi l'appartement où l'on vit seul, le monastère, l'ermitage, l'hôpital, la prison, les rues, et ailleurs. La famille n'a pas à se soumettre Noël. Cette fête ne se célèbre pas autour de nos parents, et en particulier autour de maman et de « jolie-maman », voire pour elles. Noël n'est pas la mise en oeuvre de quelque régression, sous l'emprise maternelle de notre enfance. Cette fête, qui peut être célébrée avec ses parents, avec nos mère et belle-mère, l'est autour de Dieu incarné, ceci à l'écoute du mystère, selon lequel l'enfant de Dieu quitte le sein du Père pour aller jouer avec les enfants des hommes.

Lorsque nous avons déposé toute complicité avec la nostalgie et pris nos distances avec la pression sociale, nous pouvons envisager Noël, tourner nos visages vers lui.

Envisager Noël

Cette nuit me promet un sauveur. De quoi ai-je le désir ardent d'être sauvé ? Quel est mon appel ? Maintenant, ici ? Et si je le disais à Dieu ? De quoi ai-je déjà été sauvé ? Et si, en présence de Dieu, je prenais du temps pour le nommer et le goûter ?

Noël peut bien entrer dans mon existence quand Pâques y a pris sa place, donc quand je ne suis plus en guerre avec la vie. De fait, dans l'histoire, les chrétiens ont commencé par fêter Pâques, la célébration de Noël a eu lieu plus tardivement.

Ma naissance, miracle de Noël

Petit à petit ou brusquement, peut ensuite advenir ce miracle : que je puisse un jour chanter de bon cœur, et avec humour donc toutes proportions gardées, « Il est né le divin enfant », en me disant : « C'est aussi moi ! » Autrement dit, vient un jour où Noël me donne d'oser m'aimer et prendre au sérieux ma propre identité d'enfant de Dieu, fils ou fille par adoption divine dans le baptême. Pas question, ce faisant, de prendre la place du Christ et de se remettre ainsi au centre de Noël : l'amour de soi ne se joue pas contre l'amour de Dieu, il en découle.

Cette réconciliation avec soi, à son tour, déploie l'amour pour Dieu. En effet, lorsqu'il m'est donné de mieux m'habiter, je puis mieux m'ouvrir au mystère du Tout – Puissant se donnant à connaître dans la vulnérabilité d'un enfant à accueillir. Significativement, parce que nous ne nous fuyons plus, nous goûtons la prière silencieuse, immobile. Or, nourrie par une vie intérieure, notre présence aux autres aura sans doute une qualité autre qui les réconfortera plus encore. Quant à l'effervescence de la rue, voici qu'elle ne nous gêne plus. Nous ne la jugeons plus péremptoirement.

*

Cela veut peut-être dire, pour éviter la course, moins de préparatifs liés au folklore. Pas tout, pas rien : moins.

Puissions-nous vivre à Noël une convivialité simple, qui ne nous bouscule pas, mais nous laisse le temps de nous asseoir et de parler tranquillement avec des êtres familiers ou lointains, pour qu'ils puissent devenir ou demeurer proches. Noël, n'est-ce pas le moment où le ciel vient rencontrer la terre ?

« Ouvrant leurs coffrets... »

Dans le beau livre pour les enfants du Royaume, la Bible, l'une des histoires les plus attachantes est celle des mages, contée en l'Evangile selon Matthieu au chapitre 2. L'Epiphanie nous est à tous sympathique. Ceux que, dans un raccourci significatif, nous appelons « les Rois » sont joyeusement fêtés, que l'on soit chrétien ou non, même en pays républicain. Il y a bien des raisons à cela, plus ou moins conscientes et, quoi qu'il en soit, je suis persuadée que c'est à juste titre. Car, en plus des somptueux présents qu'ils remettent à l'enfant, les mages apportent à chacun de nous beaucoup de cadeaux réjouissants.

*

Comme dans les contes de notre enfance

Hauts en couleurs, mystérieux, évanescents, ces personnages plaisent sans doute parce qu'ils rappellent les contes d'autrefois et permettent de rester enfant jusque dans l'âge adulte. En quoi serait-ce problématique ? L'un des signes de la maturité, c'est justement de n'avoir plus peur d'être encore un enfant, c'est justement de laisser l'enfant en soi advenir, condition *sine qua non* d'accès à l'Evangile.

Et puis, les mages, nous les aimons parce qu'ils sont beaux ; leurs offrandes le disent, puisqu'un cadeau est toujours à l'image de qui le donne. Enfin, il y a leur noblesse : ils sont discrets, se dérangent de loin, s'inclinent et repartent.

Alors les peintres, au fil des siècles, jouent avec le merveilleux de la scène : élégance des attitudes, tissus chatoyants, cortège chamarré, animaux racés. Certains artistes nous aident à aller plus loin et à découvrir la beauté dans l'expression simplement, autrement dit dans l'intériorité du personnage. Reprenant les mots de Maurice Bellet dans son roman *Les allées du Luxembourg*[36], je

---
36. Maurice Bellet : *Les allées du Luxembourg*, Paris, DDB, 1996, p. 33-4.

dirais de chacun des mages : « Il lui vient cette beauté quasi surnaturelle, qui ne peut se fixer, qui passe lorsque passe en l'être humain quelque peu de la lumière divine ». Ainsi, les mages sont beaux parce qu'ils sont vrais dans ce qu'ils font, parce qu'ils sont entiers dans ce qu'ils font. Aussi frustes soient-ils, voici que la contemplation du Saint les a transfigurés. Un chemin, pour nous-mêmes, nous est ici indiqué. Le mystère, déjà, affleure là.

Traditions dans l'iconographie

La représentation des mages a connu, dans l'histoire de l'art, bien des mutations[37]. Matthieu ne précise pas leur nombre. Or leur chiffre est généralement fixé à trois depuis Origène (fin du IIe – début du IIIe siècle). Très tôt, une tradition les assimile aux trois moments d'une vie : la jeunesse, la maturité, le grand âge. Bientôt, ils deviennent les ambassadeurs des trois parties du monde alors connues : l'Asie, l'Afrique, l'Europe.

Bien que Matthieu ne mentionne pas leurs noms, ils deviennent Gaspard, Melchior et Balthasar au IXe siècle. Enfin, Matthieu ne les appelle pas rois, mais mages. C'est Tertullien (fin du IIe – début du IIIe siècle) qui semble avoir été le premier à les nommer ainsi, à partir des psaumes et d'Isaïe[38].

Tout cela m'amène à penser que chacun de nous peut se joindre au cortège : il n'y a pas de *numerus clausus* et les identités ne sont pas figées. Le Messie est pour tous les peuples, le Messie est pour tout le monde ; toute culture, si elle respecte l'humain, peut, en restant elle-même devenir chrétienne.

Le don les a institués rois

Les mages ont été reconnus rois à leurs cadeaux. Il est écrit : « Ouvrant leurs coffrets, ils lui offrirent en présent de l'or, de l'encens et de la myrrhe ». En d'autres termes, c'est le don qui a les a institués rois. Ou encore, les mages sont devenus rois pour

---

37. Pour ce développement, je m'appuie sur l'ouvrage de Gaston Duchet-Suchaux et Michel Pastoureau : *La Bible et les saints, Guide iconographique,* Paris, Flammarion, 1990, article « Mages », p. 209-211.
38. Ps 68(67) : « des rois t'apporteront leurs présents » ; Ps 72 (71) : « Les rois de Tarsis et des Iles enverront des présents.... » ; Is 60, 3 : « Les nations vont marcher vers ta lumière et les rois vers la clarté de ton lever. » ; Is 60, 6 : « Un afflux de chameaux te couvrira, de tout jeunes chameaux de Madian et d'Eifa ; tous les gens de Saba viendront, ils apporteront de l'or et de l'encens. »

s'être inclinés avec leur offrande devant le Christ. L'enfant roi les a faits rois. Puissions-nous ne pas oublier dans nos existences de porter au Christ l'or, l'encens et la myrrhe de nos travaux tout au long de l'année. Le risque est grand de faire des journées pas possibles, jusqu'à la limite de nos forces, sans jamais penser à déposer tout ce labeur aux pieds de l'enfant Dieu, où il retrouvera, pourtant, sens et fraîcheur, comme dans ces tableaux médiévaux où le gamin farfouille joyeusement dans l'or, le regard malicieusement tourné vers sa mère.

Ces cadeaux offerts par les mages dans les Écritures, regardons-les mieux. Ils sont parole adressée à l'enfant : l'or, « Petit, tu es roi »; l'encens, « Petit, tu es dieu »; la myrrhe, « Petit, tu mourras ». Curieuse alliance, très précieuse. Les termes s'excluent normalement. Un roi qui mourra ? Impossible ! Les rois ne meurent pas : le roi Arthur reviendra ! Un dieu qui mourra ? Impossible ! Dieu ne peut pas mourir ! Alliance très précieuse, insupportable, de l'innovation chrétienne.

« Des mages venus d'Orient »

« Ni trois, ni rois », comme le disait un ami, ces mages, qui sont-ils donc ? Reprenons les Écritures. L'Evangile selon Matthieu parle à leur sujet de « mages venus d'Orient ». C'est tout. C'est très peu. Il est néanmoins possible de se faire à partir de cela quelque idée de ces personnages.

Le grec *magos* ici utilisé a des acceptions diverses : « prêtres perses, magiciens, propagandistes religieux, charlatans... »[39]. Les exégètes pensent à des astrologues babyloniens[40].

Nos mages à la crèche sont donc des hommes, dans leur civilisation, à la fois révérés et marginalisés. Ils sont révérés parce qu'ils ont le savoir et sont influents. On a besoin de leurs connaissances, en particulier de leur connaissance du temps. Ils établissent le calendrier et disent quand il faut semer et moissonner ou s'en abstenir ; ils annoncent l'heure favorable en fonction du cours des astres. Marginalisés, ils le sont parce qu'on les craint un peu et parce qu'on les envie beaucoup : en effet, d'une part, ils savent des choses que les autres ignorent et d'autre part ils

---

39. Note de la TOB, en MT, 2, 1.
40. *Ibid.*

sont perçus comme différents. Enfin, on se méfie d'eux parce que, dans leurs rangs, il y a des charlatans.

L'Evangile indique vaguement leur provenance: « venus d'Orient ». Ce sont donc des étrangers: autre langue, autre culture, vulnérabilité des dépaysés. Nous le savons bien, sont étrangers le voyageur et l'immigré, certes, mais aussi celui ou celle qui n'a pas de proche à qui faire part de ce qui lui tient à cœur. Par exemple, être sans famille sur place, ou célibataire, ou au milieu d'une famille sans personne avec qui partager sa joie et ses attentes, métaphoriquement, c'est être un étranger. Peut-être y a-t-il là quelque chose de commun, parfois, entre les mages et nous. Enfin, venus d'Orient, les mages représentent les nations à la crèche. Joseph, Marie, les bergers, Siméon, Anne, Elisabeth, Zacharie, Jean-Baptiste, tous, pour le moment, étaient juifs. Les premiers non juifs du Nouveau Testament, les premiers païens du Nouveau Testament, ce sont les mages, qui nous représentent donc. Par eux, nous apprenons que le Dieu des Juifs va dehors, attire à lui et accueille !

Or, non juifs, les mages sont, peut-être comme nous, sans doute toujours comme nous, des non-initiés au Dieu de la Bible. Les mages ne connaissent pas bien les Écritures, ne sont pas à l'aise avec elles. Ils ont besoin, à Jérusalem, des lecteurs habituels de la Bible. Mais ils regardent le ciel et se laissent enseigner, contrairement à Hérode. Lui demeure insensible au ciel, connaît et se ferme.

Les mages, c'est nous !

Le peintre Durer a donc bien raison quand il ose se représenter lui-même dans *L'adoration des mages,* 1504[41]. Le geste de l'autoportrait est ici particulièrement audacieux, certes, puisqu'il s'agit du mage le plus haut placé, au centre, donnant son ordonnancement à toute la composition. Vu de profil, imposant, superbe, c'est un roi de légende. « Quelle prétention ! » diront certains. Mais Durer a le Nouveau Testament pour lui : « Le Royaume des cieux est au violent qui s'en empare » Mt 11, 12 ; « Elle a choisi la meilleure part et elle ne lui sera pas enlevée » Lc 10, 42. Lire la Bible, n'est-ce pas cela ? Oser la prendre, pour de vrai ; oser la voir dans sa vie et

---

41. L'œuvre est à Florence, dans la Galerie des Offices.

oser mettre sa vie en elle. Lire la Bible, c'est l'incarner, faire chair le Verbe car « la parole s'est faite chair » Jn 1, 14. Durer a raison, le mage, c'est lui !

Apprendre des mages

Puisque les mages, c'est nous dans une vie accomplie, moi, je souhaite apprendre d'eux, et pour cela les regarder encore. Ainsi, j'aime la qualité de leur travail de recherche. Par association d'idées, je pense au physicien du XVIIIe siècle. Laplace. En un temps où il ne disposait pas des moyens techniques permettant de percevoir Uranus, il déclara un jour : « Si cette planète existe, elle se trouve là ! D'après mes calculs, elle est là ! » Il le déduisait du travail des forces exercées en cet endroit sur les autres corps célestes. Plus tard, équipés de télescopes perfectionnés, les humains ont pu voir Uranus. Hé bien ! Elle était là, en l'endroit même désigné par le physicien. Il y a quelque chose de cet ordre dans le travail des mages : c'est de la belle ouvrage !

Les mages ont acquis un savoir, ont scruté le ciel sans relâche, fait des calculs, observé, sont arrivés à un résultat, ont vérifié leurs calculs, revu leurs observations, ont arrêté une décision et se sont mis en marche. Lorsqu'ils se sont rencontrés, ils ne se sont pas écartés les uns des autres dans de sombres rivalités, ils ne se sont pas torpillés réciproquement, n'ont pas pratiqué la rétention du savoir. Quand l'étoile a disparu, ils ont recouru au bon sens et, pour trouver le roi, se sont rendus dans la capitale, où, effectivement, ils ont pu être renseignés, certes autrement qu'ils ne le pensaient, mais efficacement. Dans tout leur parcours, ils n'ont négligé aucune source de connaissance : le calcul, l'observation, la tradition, les Écritures, l'écoute de l'inconscient, la collaboration. Ils ont su rester mobiles dans leur savoir comme ils l'étaient physiquement par leur voyage. En effet, ils surent ne pas enfermer le roi des juifs dans ce qu'ils en pensaient. En théorie et en général, un roi des juifs est dans un palais à Jérusalem, entouré d'une reine et d'un roi établis. Les mages ont déposé la théorie et les généralités, se sont laissé enseigner par le réel, pourtant déroutant dans ce cas particulier : un enfant pauvre, auprès d'une femme simple, en une habitation précaire, dans un village perdu, alors qu'il y avait bel et bien un autre roi juif, dans le palais, selon la loi générale, selon la théorie.

Ce travail de recherche, les mages ne l'ont pas fait en comptant les heures dues et les heures supplémentaires et les autres heures. C'était de l'étude au sens étymologique du terme : « ardeur, passion, feu », si bien qu'elle occupait leurs journées et leurs nuits, leur temps professionnel et au-delà, leur vie entière. De fait, partir pour un si long voyage, c'était orienter définitivement leur existence.

Entrer dans le temps des mages

L'année dernière, j'ai vu la première galette des rois en magasin une semaine avant Noël. Cette hâte est aux antipodes de ce que nous enseignent les mages, eux qui arrivent tardivement : Jésus, le calcul d'Hérode nous renseigne là-dessus, peut avoir déjà deux ans ; il n'habite plus dans la crèche mais dans une maison. Les mages arrivent plutôt en retard qu'en avance. Michel Tournier l'a bien compris, lui qui dans son œuvre fait arriver un quatrième roi mage, parti à l'heure, n'ayant pas traîné en chemin, tellement en retard qu'il n'arrive qu'au Jeudi Saint, et là encore en retard, ceci au terme de sa propre existence. Ce quatrième est le dernier et cependant le premier, conformément à l'annonce des Évangiles. Je vous laisse lire et savourer l'œuvre[42], si vous ne l'avez pas encore fait, très belle réflexion sur le temps perdu et cependant gagné.

Oui, avec les mages, le temps se déploie. Ce n'est pas pour rien qu'ils sont là ensemble, selon la tradition, le jeune, l'homme mûr, l'ancien : notre vie récapitulée en une seule image, notre vie décomposée en trois figures, auprès du Christ par qui l'éternité entre dans le temps. Le plus âgé, dans l'iconographie, est souvent le plus proche de l'enfant d'éternité. La bienséance veut qu'il ait le premier pas. Mais je crois qu'il y a plus encore. Il est le plus sage, donc il comprend le premier qu'un vrai roi dépose sa couronne, qu'un vrai roi, c'est quelqu'un qui ne cherche plus à impressionner. L'ancien sait qu'être roi de sa vie, c'est accepter d'être simplement un enfant des hommes. Si l'aîné est le plus proche, c'est peut-être aussi qu'il est le plus complice avec l'enfant, qui, dans bien des représentations médiévales, tout en le bénissant, semble lui tenir de grands discours. Et moi de repenser à ces propos de Michel Serres

---

42. Michel Tournier : *Gaspard, Melchior et Balthazar,* Paris, Gallimard, collection Folio, 1980 ; ma préférence va cependant vers la version pour les adolescents : *Les rois mages,* Paris, Gallimard, collection Folio junior, 1983.

dans *Le Tiers-Instruit* : « Le créateur naît vieux et meurt jeune » ; « Vous reconnaîtrez l'œuvre et l'ouvrier authentique à ce signe qui ne manque pas : tous deux ensemble rajeunissent. Ils mourront enfants à force de courir vers l'origine du monde. Créer veut dire aller vers les mains de l'ouvrier divin à l'aube des jours. Inverser le temps. »[43] Cette vitalité, les mages ne peuvent cependant se la donner. Ils se reçoivent du Vivant.

Le temps des mages, c'est également la longue durée d'une recherche. Le signe est fragile : juste une étoile dans la nuit. Qui plus est, ce point de repère se déplace. En effet, l'étoile bouge et disparaît et réapparaît. Ceci occasionne bien des tâtonnements. Le doute peut fréquemment s'insinuer. Certes, les mages sont attentifs, rigoureux, persévérants, compétents. Mais à certains moments, peut-être ne savent-ils plus pourquoi. Pourquoi au juste travaillent-ils ? Par volonté de savoir ? Par conscience de leur devoir qui consiste à donner aux hommes le comput nécessaire à la vie sociale ? Par désir d'infini ? Par amour de la beauté ? En l'enfant s'est manifesté le sens pour eux. Antérieurement à l'apparition de l'étoile et à l'épiphanie du Christ, ce sens avait déjà existé dans leur vie, tandis qu'ils contribuaient à élaborer une culture au quotidien, mais le sens avait été là à leur insu. Avec l'enfant, le sens est enfin révélé, donc enfin pleinement donné. Jubilation ! Or cette rencontre, en la figure des mages, parle du sens d'une vie, non seulement à l'échelle de notre existence individuelle mais à celle de l'humanité avant la venue du Messie. Evoquant Jésus à sa naissance, Péguy, mieux que personne, a su dire cela, dans la chanson d'*Eve,* avec sa longue procession d'alexandrins, disposés en quatrains :

> « Il allait hériter du monde occidental,
> De celui qui commence où finissait le monde.
> Il allait hériter de la vague profonde
> Et des refoulements du monde oriental (...)
> Et les pas d'Hérodote avaient marché pour lui (...)
> Et les pas même d'Hercule avaient marché pour lui (...)
> Et les pas de Thésée avaient marché pour lui (...)
> L'antique Agamemnon avait marché pour lui (...)

---

43. Michel Serres : *Le Tiers-Instruit,* Paris, François Bourin, 1991, p. 164 et 150.

Les rêves de Socrate avaient marché pour lui
Du cachot de Socrate aux prisons de Sicile.
Les soleils idéaux pour lui seul avaient lui
Et pour lui seul chanté le gigantesque Eschyle.
Les règles d'Aristote avaient marché pour lui
Du cheval d'Alexandre aux règles scolastiques.
Et pour lui l'ascétisme et la règle avaient lui
Des règles d'Epicure aux règles monastiques... »[44].

Le temps et la marche des mages, ce sont notre temps et notre marche, humains de toutes les cultures et de tous les siècles, à chaque fois que nous marchons pour un grand rêve, même si nous ignorons que ce rêve s'appelle le Règne de Dieu.

Car les mages ont osé rêver

Il y a le rêve nocturne des mages en Mt 2, 12, mais il y a aussi leur grand rêve éveillé au sujet de l'étoile. Oui, les mages ont rêvé grand, beau, divin ! Ils ont laissé ce rêve, fabuleux, les travailler. Ils ont osé croire en lui, foi qui, dans l'iconographie, se dit souvent par un doigt décidément pointé vers l'étoile. Pourtant, ils étaient les seuls de leur civilisation à s'y risquer. Sans doute taxait-on autour d'eux leur rêve d'illusion ou de naïveté. Si les mages, comme le laisse entendre la tradition, sont venus chacun seul d'un autre horizon, ils ont dû éprouver une immense joie au moment où ils se sont rencontrés. Voir l'autre dans la même quête ! Se dire que l'on n'a pas divagué, que l'on avait raison de s'obstiner à croire, se dire qu'on ne s'est pas trompé ! Jubilation ! Et puis, il a dû y avoir un nouveau temps d'hésitation : même à trois, même à plusieurs, ils pouvaient encore être des « paumés »... Hé bien ! Les mages ont osé croire en eux-mêmes, en leur savoir, dans leurs sens, leur capacité d'observer, de calculer, de raisonner, de décider, dans leur fiabilité. Ils ont donc persisté à suivre leur rêve. Il lui ont donné corps par leur marche. Ils ont construit toute leur vie sur lui, avec entêtement. Ils ont protégé leur rêve contre Hérode et la confiance en eux-mêmes contre les doutes nés de la disparition de l'étoile.

---

44. Charles Péguy : *Eve,* dans *Œuvres poétiques complètes,* Paris, Gallimard, la Pléiade, 1975, p. 1070-1086.

Il s'avère que rêver grand et se passionner ramènent au concret. Bien scruter le ciel permet une juste compréhension de la terre. L'étoile guide vers l'enfant. Les mages nous enseignent qu'une recherche bien menée conduit à l'incarnation. De même, je crois que vivre l'eucharistie vous fait aimer les grands vins et la vaisselle noble pour le respect de soi et des autres. Car le spirituel est charnel.

D'aucuns se diront que les mages ont suivi leur «légende personnelle». Mais leur parcours, plus complexe que cela, relève d'une autre anthropologie : croire en son rêve, oui, mais à la lumière des Écritures ; croire en soi, oui, mais dans la réception d'un enseignement ; la subjectivité, oui, mais dans l'accueil de la loi – certes interprétée – extérieure à soi, venant du dehors. J'en veux pour signe le retour des mages chez eux, justement pour avoir appris, «par un autre chemin». Fêter les mages, pour le chrétien, c'est entrer de bon cœur dans cette dynamique.

*

Les mages ne nous oublient pas, quand ils apportent au Christ leurs somptueux présents. En effet, nous recevons beaucoup d'eux : l'émerveillement intelligent, une juste relation à notre inconscient, la simplicité magnifique, l'audace raisonnable. À nous ensuite de donner les rois à notre entourage. Cela ne se fera pas par la propagande, mais, par exemple, en nous invitant chez nos voisins, que nous les connaissions ou non, avec une galette dorée. Les portes s'ouvriront volontiers. Cette convivialité, dans laquelle le christianisme sera perçu comme bien sympathique, ne sera pas le moindre des cadeaux laissés par les mages derrière eux dans notre existence.

Nouvel An
et les années perdues

1999, 2000... 2009, 2010, 2011...! Le temps file ! Jetant un regard en arrière, certains d'entre nous ont le sentiment que non seulement bien des années de leur vie sont révolues, mais qu'elles ont aussi été irrémédiablement gâchées. Pour les uns, ce fut un long chômage, pour les autres des amours mortes, pour d'autres encore une maladie du corps ou de l'âme, un chagrin, le désespoir...

La douleur nous a figés sur place, dans une sorte de temps mort, mais pendant ce temps les années se sont impitoyablement écoulées. Et maintenant, c'est trop tard : ce temps perdu ne sera plus rattrapé. Deux ans, cinq ans, dix ans, vingt ans, quarante ans, peut-être une vie entière passée sans exister vraiment ! Nous nous retrouvons là les mains vides, le temps a fui comme de l'eau entre nos doigts. Nous voici pauvres, malheureux, sans doute révoltés, peut-être amers. Et pourtant...

*

J'ai vu... j'ai entendu... je connais ses douleurs

Quelqu'un, dans la Bible, vient ici nous rejoindre : « Je vous ai vraiment visités »[45]. Il se tient là, en retrait, discret, mais bien présent. Il voit. Il ne nie pas la gravité de la situation. Il prend la mesure de notre chagrin. Il comprend : « J'ai bien vu (...), j'ai entendu (...), je connais vos(ses) douleurs » Ex 3, 7. Lui, le Maître du temps, nous dit cependant : « Les années qu'ont dévorées la sauterelle, la locuste, le hanneton et la chenille, je te les revaudrai (...) »[46], ceci non seulement plus tard, dans l'au-delà, mais bien ici et maintenant.

---

45. Ex 1, 16. Trad. Segond.
46. Jl 2, 25. Traduction inspirée de la traduction de la Bible de Jérusalem et de la traduction du Rabbinat français croisées.

« Comment cela se fera-il ? »[47], nous demandons-nous. Nous le découvrirons petit à petit, au cours de notre existence. Il n'y a pas de programme, valable une fois pour toutes dans toute vie. Chaque existence est unique, le Vivant invente donc à chaque fois. Ce que nous pouvons déjà entrevoir néanmoins, c'est comment le Maître du temps a travaillé dans l'existence d'autres hommes qui nous ont précédés, des hommes et des femmes, eux – aussi confrontés à la tristesse des années perdues. Je propose que nous suivions ainsi du regard trois contemporains qui, dans leur œuvre littéraire, nous ont livré quelques bribes de cette expérience, vécue dans la foi : Pierre Emmanuel, Etty Hillesum, Jean-Pierre Lemaire.

Le mystère du temps perdu et retrouvé dans la vie de Pierre Emmanuel

Pierre Emmanuel (1916-1984) a connu l'angoisse d'un long mutisme dans son art, à l'âge de la maturité. Pendant près de neuf ans (1961-1969), au moment où, en général, l'écrivain peut donner une œuvre ample, forte, riche d'expérience, bien équilibrée, Pierre Emmanuel n'a pratiquement pas pu écrire de poésie. Or sa vocation, au sens propre du terme, était d'être poète. Ce fut une longue nuit, à vue humaine sans fin. Et tous nous le savons bien, si pour Dieu mille ans sont comme un jour[48], pour nous, les humains, quand nous avons mal, un jour est comme mille ans.

Après coup, mais après coup seulement, le poète a compris que dans ce temps apparemment stérile s'était préparée la naissance d'un autre Pierre Emmanuel[49], que la critique a reconnu[50]. Les années perdues étaient en fait gestation ; un travail intense avait eu lieu au secret de l'inconscient. Le grand poème *Jacob* (1970), de quelques trois cents pages, marque l'issue de cette nuit. Le héros biblique, en qui le poète s'est projeté, sort du combat contre le désespoir avec un nom nouveau, rené. Ce que fut cette lutte, nous en avons un écho dans l'œuvre :

---

47. Lc 1, 34. Trad. T.O.B.
48. Ps 90 (89), 4.
49. Dans son ouvrage : *Le dernier Beethoven*, Paris, Gallimard, 2001, Rémy Stricher fait une lecture semblable des années apparemment stériles du compositeur.
50. Ainsi Hubert Juin constate : « Pierre Emmanuel use d'une voix plus hermétique, d'après ses juges. En fait il recrée une poésie oubliée dans nos domaines : une poésie métaphysique (...) Puis vint la grande période de création poétique » Hubert Juin : « Un rhétoricien hanté » dans *Le Monde*, 25 septembre 1984.

« Il est vrai. À l'aplomb de ta Face, rien n'existait pour moi. Toute verdure, mon regard l'a flétrie. Toute fontaine, mes yeux l'ont tarie. Toute chair me fut blette dans le plaisir, toute parole surimposée à la tienne une dalle à même le sternum.
Mulet à oeillères, j'ai trituré. J'ai tourné en rond sur moi-même pour y enfermer l'univers (...)
J'ai enduré ces années comme une femme grosse qui ne bouge point de sa chambre, incarcérée par le pourtour de sa taille qui au moindre mouvement bute au mur. »[51]

Le mystère du temps perdu et retrouvé dans la vie d'Etty Hillesum

Etty Hillesum meurt à vingt-neuf ans, à Auschwitz, en 1943. Elle rêvait d'écriture. Contrairement à d'autres artistes, morts jeunes eux aussi mais ayant commencé très tôt comme pour inconsciemment compenser la perte des années du grand âge[52], elle ne s'est lancée qu'assez tardivement, à vingt-sept ans, et sans trop savoir que ce qu'elle écrivait, son *Journal* et des *Lettres*, deviendrait une œuvre aimée, écoutée, intégrée dans l'existence de lecteurs soucieux comme elle de vivre la parole. Qui plus est, Etty Hillesum avait conscience de n'avoir pas vraiment vécu jusqu'à vingt-sept ans : boulimie, tendances suicidaires, vie désordonnée. Page après page, nous la voyons dans son *Journal* se construire pendant deux ans. Deux ans, c'est bien peu. À vue humaine, cette femme n'a vécu que deux ans.

Mais ces deux ans ont été d'une intensité telle que chaque heure est devenue à elle seule une journée. Le temps s'est ouvert devant Etty Hillesum : « J'ai devant moi une grande et vaste journée »[53], « Et ne vivons-nous pas chaque jour une vie entière (...) ? »[54], « Je vis chaque minute de ma vie multipliée par mille »[55]. De ce temps d'effroi, le temps des rafles, la jeune femme ose écrire, elle, l'amoureuse des hommes, des parfums, des fleurs, des arbres et du ciel, elle, la passionnée de bonheur : « Je trouve la vie belle, digne

---

51. Pierre Emmanuel : *Jacob*, dans *Oeuvres poétiques complètes, Second volume*, p. 99.
52. L'on peut penser en musique à Mozart, bien sûr, mais aussi à Purcell.
53. Etty Hillesum : *Les écrits,* édition intégrale, p. 225.
54. *Ibid.* p. 641.
55. *Ibid.* p. 642.

d'être vécue et pleine de sens. En dépit de tout. »[56] Etty Hillesum témoigne d'une plénitude du temps que la mort approchant ne réussit pas à lui prendre.

Voilà qui nous place devant le mystère de la parabole des talents telle que la lit Marie Balmary : « La durée de nos vies n'est-elle pas aussi inégale que la distribution d'argent aux serviteurs de la parabole ? N'est-ce pas, là aussi, que certains reçoivent cinq, d'autres deux, d'autres un, et qu'ils peuvent pourtant avoir reçu la même chance de devenir hommes ? Serait-ce le sens du temps à vivre qui nous est si mystérieusement imparti à chacun ? Et si une divine équité présidait à nos hasards ? Pourrait-on comprendre ainsi ces vies qu'on peut penser inachevées mais que les proches, parfois, vous racontent comme ayant atteint pourtant, mystérieusement, à quelque âge que ce soit, leur plénitude ? »[57] Est-ce aussi pour cela (aussi, parce qu'il y a encore bien d'autres raisons) que le Christ, mort prématurément, apparaît néanmoins dans l'Apocalypse comme un ancien[58] ? Les icônes, lorsqu'il s'agit du Pantocrator, aiment à le représenter à la fois jeune et âgé.

Le mystère du temps perdu et retrouvé dans la vie de Jean-Pierre Lemaire

Le poète Jean-Pierre Lemaire constate lui aussi, dans *Le Cœur circoncis*, qu'il n'a pas encore commencé à vivre. Le ratage de la « mélodie brouillée »[59] a commencé dans l'adolescence et il a maintenant la quarantaine. Certes, il y a la réussite aux concours, il a fait une belle carrière, s'est marié et a des enfants, mais en lui monte ce questionnement lancinant : « Qu'as-tu soulevé ? Qu'as-tu porté plus loin ? », et la réponse est là : « Le grain a pourri plutôt qu'il n'a germé. »[60] À vue humaine, c'est l'échec : la jeunesse envolée, sans même la consolation d'avoir été.

Or le poète trouve dans les Écritures, qu'il ose interpréter, le courage d'une autre lecture de son existence. Il y a les apparences de réussite, qu'il nomme « la fausse vie », l'aumône des Pharisiens, dont

---

56. *Ibid.* p. 642.
57. Marie Balmary : *Abel ou la traversée de l'Eden*, Paris, Grasset, 1999, p. 73.
58. Ap 1, 14 : « Sa tête et ses cheveux étaient blancs comme laine blanche, comme neige. » Trad. Segond.
59. Jean-Pierre Lemaire : *Le Cœur circoncis*, Paris, Gallimard, 1989, p. 85.
60. *Ibid.* p. 27.

il fut. Désormais il sera comme la veuve, en Lc 21, 1-4, c'est-à-dire qu'il se risquera à reconnaître, devant Dieu et à ses propres yeux, sa pauvreté. En cet aveu sera sa dignité. L'offrande alors sera peut-être justement les années perdues, remises au Maître du temps :

> Luc, 21
> C'est la fausse vie que tu avais donnée
> comme les Pharisiens déversant leurs aumônes
> dans le tronc du Temple, sous l'œil des badauds.
> On te demande l'autre, que tu as perdue
> celle dont Dieu lui-même n'avait pas le double
> et devant le Regard sans secret, il te reste
> insoupçonnée de toi, l'obole de la veuve.[61]

Tout un champ de liberté s'est ouvert là pour le poète. Il n'est plus prisonnier d'une logique binaire : échec/réussite. Avec mes mots à moi, je dirais qu'il sait désormais que l'on peut avoir échoué et être roi de sa vie.

Le regard de cet homme devient à ce moment-là prophétique. En effet, il est capable de voir la splendeur de l'être dans un présent modeste :

> Tu croises dans la rue
> des mines fatiguées à la fin de l'hiver
> cachant sous leur manteau ce défaut fraternel
> ignorant leur gloire d'hommes et de femmes
> qui ne les fait plus ressembler qu'à eux-mêmes
> et, mystérieusement, au ciel sans visage.[62]

Reprenant ici le terme biblique de « gloire », le poète a de l'audace : la gloire est un attribut divin. De fait, Jean-Pierre Lemaire dit la ressemblance des passants avec « le ciel sans visage », donc avec le Vivant, puisque, dans les Écritures, en particulier dans l'Evangile selon Matthieu, le mot ciel est un euphémisme pour dire Dieu, non nommé par respect.

Cette lecture, le poète la réitère quelques pages plus loin. Il se dit, revoyant ses relations passées :

---

61. *Ibid.* p. 24.
62. *Ibid.* p. 97.

Toi, tu étais obscur mais ils voyaient peut-être
l'auréole de flamme autour de l'éclipse
ce qui débordait sans que tu le saches
ton visage éteint, la lumière des pauvres.[63]

Et le lecteur de penser à la femme de l'Apocalypse revêtue de soleil Ap12,1, ainsi qu'au dix justes de la tradition juive qui, à leur insu, supportent le monde, pour qu'il ne s'effondre pas. Nos années perdues, ce n'est pas à nous de les juger !

*

Le temps a-t-il arrangé la situation, dans ces trois existences ? Je ne le pense pas : le temps tout seul n'arrange jamais rien ; c'est le travail que font, dans le temps, et le Vivant et l'homme blessé qui permet une restauration.

Le Maître du temps a l'initiative dans le livre de Joël cité ci-dessus : « Les années qu'ont dévorées la sauterelle, la locuste, le hanneton et la chenille, je te les revaudrai ».

Nous, nous pouvons nous disposer à accueillir cette rédemption, par le travail sur soi, qui consiste à regarder l'échec en face dès que cela nous devient possible, à en tirer les conclusions nécessaires, à ne pas demeurer dans la culpabilité, la haine de soi et des autres, à ne pas se laisser envahir par l'amertume. Tout cela n'est pourtant que la suite d'une décision préalable, réitérée pas à pas, dont le poète Claude Vigée, un autre résilient qui connut de longues années d'immobilité désespérante, entre vingt et quarante ans, nous fait part, après coup : « Il s'agit d'abord de sortir de l'épreuve, en « choisissant la vie pour vivre »[64]. La guérison, elle, vient de soi remontant jusqu'à soi-même, dans un dénuement apparent qui est le luxe suprême- le don et l'accueil des prémices du temps pulsant. Essayez, vous verrez que je dis vrai. C'est le bon secret que je vous confie, celui du retour chez soi, nulle part, au petit jour. »[65]

Puissions-nous nous encourager les uns les autres dans ce choix !

---

63. *Ibid.* p. 105.
64. Citation biblique : Dt 30, 19.
65. Claude Vigée : *Dans le Silence de l'Aleph*, Paris, Albin Michel, 1992, p. 167-168.

Autour de Pâques

La joie du carême

Le titre de ce chapitre surprend sans doute. Nous associons plutôt le carême à la morosité. En témoigne l'expression «avoir une tête de carême», qui signifie «faire triste figure». De fait, pourquoi pas ? La réalité que donne à méditer le carême est effectivement difficile. Nous, chrétiens, le reconnaissons pleinement. Et pourtant, nous risquons aussi le défi de la joie ! Oui, encore la joie !

*

Le temps des larmes

La réalité du carême est d'abord celle que rappelle le psaume 126 (125) : les semailles dans les larmes. L'Église, lorsqu'elle institue cette période liturgique, rejoint ce que vivent les populations dans nos contrées, en un temps où choux et pomme de terre ne sont pas encore importés. La base de l'alimentation, c'est alors le blé. À l'automne, il y a eu l'abondance des récoltes. En hiver, on a vécu sur les réserves. Mais vient maintenant l'heure de prélever, sur le peu qui reste, le grain nécessaire pour les moissons futures. À la maison, cela ne va pas sans pleurs : on a faim. Or le père va et jette le grain dans le sillon.

Et puis l'hiver semble s'éterniser. Les passants pressent le pas, les épaules voûtées, le cou enfoncé dans le col relevé. Les mines sont fatiguées. Cette exténuation nous renvoie à notre propre fragilité, à notre vieillissement et à notre finitude. Il est des jours d'immense lassitude, où l'avenir effraie.

Enfin, un homme bon va vers la mort, non qu'il la recherche, mais elle est inéluctable. La haine, la bêtise, la veulerie, et l'hypocrisie s'acharneront sur lui. Pour le moment, ses proches vivent encore le bonheur de sa présence, mais ils sentent les mailles du filet se resserrer autour de lui. L'angoisse les saisit. L'angoisse nous saisit.

Alors je fais miennes ces paroles du poète de Pierre Emmanuel : « Que les chrétiens eussent si peu l'air sauvé éveillait l'ironie de Nietzsche. Sans doute à tort, car il est impossible de se convaincre seul, au spectacle de la souffrance et de la mort omniprésentes, que le Christ, et l'homme avec lui, est vraiment ressuscité. »[66] Oui, la condition humaine est dure, en certaines heures terrible.

À ces moments de doute, à ces temps de larmes, parfois très longs, l'institution du carême reconnaît un statut. Les chrétiens ne vivent pas dans la contrainte du perpétuel sourire éclatant.

Le défi de la joie

Pourtant le carême recèle une joie. Elle est fragile, ténue, mais entêtée. C'est un sourire d'abord timide puis de plus en plus affirmé au milieu des larmes. Il rend Noël possible, en ce sens que par lui, déjà, vivre vaut la peine. Au temps du carême certes, c'est encore un défi. Ce sourire connaîtra sa confirmation à Pâques.

Il nous faut aller vers la joie du carême, alors qu'en général nous pensons que c'est à la joie de venir à nous. Il nous faut lui être fidèles, alors qu'en général nous pensons que c'est à la joie de nous être fidèle. Ce ne sont pas des obligations. Simplement, si nous ne tenons pas ce cap, la joie s'évanouira.

En même temps, nous ne pouvons pas la fabriquer : elle viendra, par grâce, se loger d'elle-même au creux de notre attente. Nous pouvons seulement persister à l'appeler et veiller, afin d'être prêts, au milieu de nos larmes, à l'accueillir quand elle surviendra. Nous sommes là dans l'extrême, où le découragement et l'amertume iraient tout naturellement de soi. Nous sommes là dans le peu, le très peu, que, par l'exercice de quarante jours de frugalité, l'institution du carême liturgique nous enseigne, avant l'épreuve, pour qu'en elle nous ne soyons pas démunis. Cependant, en ce très peu, l'essentiel peut encore nous être donné, et peut-être même la totalité du trésor de la vie spirituelle, qui jamais n'est désincarnée, coupée de l'humaine tendresse.

---

66. Pierre Emmanuel : *La vie terrestre,* Paris, Seuil, 1976, p. 219.

Quelle joie ?

Le contenu de cette joie participe, ni plus ni moins, du Royaume. « Que jamais je ne sois séparé de toi » disons-nous lors de l'Eucharistie. Il s'agit de cela : être avec le Maître, et, de ce fait, être un avec soi, un avec ceux qui nous sont chers, ouvert, au-delà d'eux, aux enfant des hommes, dans une présence apaisée et heureuse, plus forte que la mort.

La joie du carême, c'est alors la célébration de notre être ensemble, malgré l'approche de la mort. C'est l'entêtement à estimer que venir à la vie valait la peine, parce que la joie d'avoir connu l'autre l'emporte sur la tentation du néant et ceci pour toujours. C'est la décision d'apprendre à relire les heures de bonheur envolées sans nostalgie, pour une appropriation nouvelle. C'est l'ouverture de soi au Vivant dans ce qui vient. C'est le choix de la confiance malgré tout.

Nous n'attendons donc pas la fin des soucis pour être heureux. Nous osons, autant que faire se peut, l'être dès maintenant, ceci dans une grande attention à l'autre, mais aussi dans la concentration sur nous-mêmes et ce que nous voulons faire de notre existence. Retentit plus que jamais pour nous le : « Ma vie nul ne la prend, c'est moi qui la donne. » Jn 10, 18 L'œuvre d'une existence trouve ici son accomplissement et son unité.

Comment vivrai-je ce peu, de façon à ce qu'il soit une fête, dans laquelle se donne ma vie, non comme un sacrifice douloureux – même si j'ai mal –, mais comme une hymne, comme un feu, comme une jubilation malgré tout ? Nous comprenons que l'injonction à prendre la croix et suivre le Christ Mc 8, 34 ne relève en rien d'une attitude doloriste, qu'il y a là le secret de l'impossible chemin.

Le secret de l'impossible chemin

Bien que la croix soit, dans l'expression « qu'il prenne sa croix », un terme technique désignant les persécutions, nous l'entendons souvent comme une image, plus générale, de l'épreuve imparable. Nous comprenons qu'alors le disciple prend acte de l'épreuve et porte... Non pas qu'il accepte l'inacceptable : il économise ses forces, ne les perd pas en amertume, culpabilisations, fuite de ce qui le rattrapera de dos. Son énergie, il l'applique à rester humain et à vivre le mieux possible ce qui est à vivre, en protégeant la tendresse.

Or, quand je regarde mes amis non chrétiens confrontés au terrible, je vois qu'ils font tous cela ! Eux aussi portent, courageusement ! Alors, en quoi notre être chrétien consiste-t-il ?

Je crois qu'il réside dans le fait de suivre : « qu'il prenne sa croix *et qu'il me suive* ». C'est encore un terme technique. Il signifie : être l'élève de, apprendre de. Le passage secret est là. Pas question pour le chrétien de faire le chemin seul, d'avancer par ses seules forces. Nous ne sommes pas dans le stoïcisme, aussi respectable celui-ci soit-il.

Nous porterons en suivant le Christ, nous ferons chaque pas avec lui et ses anges, apprenant de lui comment faire ce pas. Nous recevrons notre force de lui. En lui, nous serons confiance et la porte scellée s'ouvrira. En lui, nous serons patience et le blé lèvera. Nous ne voyons pas du tout comment, mais cela sera.

*

La joie du carême, c'est notre vie centrée sur le Christ, par qui nous est mystérieusement rendu ce que la méchante mort saisissait. Nous voulons apprendre de lui à déposer dès maintenant notre existence, avec ses chagrins et ses espoirs, entre les mains paternelles. Nous voulons, comme Jésus et avec lui, dans la force de l'Esprit, nous en remettre au Père.

S'apprivoiser au geste des Cendres

Sinistre, le geste des Cendres ? Non, c'est même tout le contraire, puisqu'il s'agit par là d'entrer résolument dans une dynamique de vie, pour un quotidien plus équilibré. Il est vrai que de mauvais souvenirs, la méconnaissance ou une peur instinctive peuvent faire écran. Interroger à neuf cette pratique, en cours dans l'Église catholique depuis le XIe siècle[67], vaut la peine, pour cette raison.

*

Confié au feu de Dieu, qui, de mémoire humaine, féconde

D'une certaine façon, toute la symbolique des Cendres est déjà là dans le geste que fait le prêtre pour se les procurer. Il brûle, avant la célébration liturgique, les rameaux bénis de l'année précédente. Ces signes de gloire et d'abandon, de passion et de douleur, d'espoir et d'échec, les voici desséchés, bien dérisoires et pourtant toujours lourds de vécu, et toujours bénis. En eux, c'est toute l'existence humaine qui est là, avec ses rêves fous et ses justes élans, avec ses apogées, ses faillites et ses désillusions. Tout cela est confié au feu de Dieu qui, de mémoire humaine, féconde. Car Dieu sait. Il reconnaît et reprend, et transforme tout ce vécu en semence. Il fait qu'il ne soit pas perdu.

Cendres et dépouillement

Des chrétiens voient dans les Cendres un signe de renoncement. Effectivement, le livre de Job pointe dans cette direction : « C'est pourquoi je renonce : je me repens sur la poussière et la cendre. »[68] Par exemple, pour Mère Marie, ainsi nommée, lors de sa prise

---

67. « Cet usage généralisé fut recommandé, en 1091, par le pape Urbain II » A. G. Martimort, *L'Église en prière,* Paris, Desclée et Co., 1961, p. 709.
68. Jb 42, 6. Voir aussi Jon 3, 6.

d'habit monastique, en référence à Marie l'Egyptienne pour son passé tumultueux, les cendres symbolisaient ce qui, dans nos vies, n'a pas d'avenir, contrairement à ce qui peut monter comme un encens. Elle écrivait dans un de ses poèmes[69] :
« Seigneur, ce n'est pas moi, c'est une poignée de cendres, c'est le cercueil de mes passions et de mes désirs. »

Dans une telle perspective, le carême apparaît comme un temps de retour sur soi afin de se dépouiller de ce qui n'est pas nous et nous encombre dans notre avancée vers Pâques. La parole de Mère Marie est très émouvante, parce que bien des années plus tard, cette femme s'est retrouvée en camp de concentration pour avoir caché des Juifs. Elle y a été gazée et brûlée, la veille de Pâques[70] ; ses cendres ont été dispersées.[71]

Je suis cendre, mais je ne suis pas rien

En français soutenu, le mot « cendres » est synonyme de « dépouille mortelle », que le corps ait été brûlé ou non. De ce fait, nous ne pouvons pas ne pas percevoir dans le signe des cendres un rappel de la mort. Qui plus est, la liturgie de ce jour a pendant longtemps accompagné le geste de leur remise par la formule : « Tu es poussière et tu retourneras à la poussière. » Gn 3, 19 Oui, la conscience d'être mortels nous caractérise, nous les humains, et les cendres nous rappellent que nous sommes, livrés à nous-mêmes, bien peu de chose.

Pour autant nous ne sommes pas rien ! Ce peu de chose que nous sommes ose, dans nos Écritures, affronter Dieu : « Voici, donc, je me suis résolu à parler à Adonaï moi-même, poussière et cendre » déclare Abraham Gn 18, 27. Or Dieu ne s'en irrite pas, ne s'en moque pas, ne s'en désintéresse pas. Il semble même heureux quand un mortel se risque devant lui.

---

69. Mère Marie Skobtsov : *Le sacrement du frère*, Paris-Pully, Cerf-Sel, 2001, p. 68.
70. 31 mars 1945.
71. Aux femmes auprès d'elle, hantées par l'horreur des fours crématoires, elle disait que les fumées n'étaient terribles, noires, qu'au début de leur ascension, mais qu'ensuite, elles devenaient de plus en plus blanches, légères, aériennes et que c'était ainsi, belles, qu'elles monteraient hors d'un monde de péché vers une nouvelle vie de bonheur. *Le sacrement du frère* p. 59.

Poussière, cendre, ce n'est pas sale. Significativement, les cendres remises ont été bénites : cela témoigne de notre noblesse[72].

Le rappel de la limite, pour mieux vivre

Enfin, conscience et rappel de la limite ne sont pas macabres. Il s'agit simplement de garder ou de restaurer le sens des proportions et des priorités, voire des urgences, dans nos existences, ceci non seulement pour un mieux mourir, mais pour un mieux vivre, plus sain. Qui plus est, le rappel de la limite, par le geste des Cendres, n'est pas le dernier mot de la liturgie. Il ne faudrait surtout pas refermer ce signe sur lui-même.

Il est en effet placé à l'entrée en carême, lui-même offert comme une proposition : celle d'un temps pour apprendre, menant à la résurrection. Il nous est donc en quelque sorte dit : « Si tu le veux, en prenant la suite du Christ, tu peux ne pas en rester à la condition humaine, tu peux entrer dans la vie. » Nous voici dans une démarche initiatique, nous apprivoisant à la loi, incontournable pour Dieu même, du « si le grain de blé ne meurt... »

De la condition humaine à la vie

Comment le passage de la condition humaine à la vie se fera-t-il ? Le symbole de l'homme créé dans la Genèse à partir de poussière de terre cultivable nous engage sur trois pistes au moins. Ainsi, certains remarqueront que l'homme apparaît là comme une création impossible, un miracle perpétuel. En effet, la terre cultivable n'est pas modelable, et encore moins sa poussière[73].

Cette poussière, principe d'éparpillement, tient sa cohésion du Souffle. Le carême nous invite à toujours garder le contact avec lui. Se couper du Souffle, ce serait retourner au néant, non pas sous l'effet d'une punition divine, simplement pour des raisons tenant à notre être – même[74].

---

72. Significativement, la cendre bénite a pu être utilisée, dans l'histoire, pour la dédicace d'une église (Rituel gaulois) A. G. Martimort : *L'Église en prière*, p. 182.
73. « Il faut distinguer *êfér*, la cendre qui provient de la combustion, d'avec *âfâr*, la poussière. » Mais « dans plusieurs passages, la Vulgate traduit l'un pour l'autre » fait remarquer le *Dictionnaire de la Bible* publié par F. Vigouroux, Paris, Letouzey et Ané, 1912, article « cendre ».
74. C'est en particulier la lecture que fait Drewermann du début de la Genèse dans *Strukturen des Bösen*, Paderborn, Ferdinand Schöningh, 1988, tome I.

D'autres lecteurs seront sensibles au fait que nous sommes de la bonne terre. Celle-ci cependant, toute seule, n'a aucune fécondité. Il lui faut accepter de se laisser travailler par la rosée, les pluies, le gel, le vent, les labours – l'Esprit –, se laisser réchauffer par le soleil – le Père –, accueillir la semence en elle – la Parole. Alors, nous dit le Christ Mc 4, 8, la bonne terre que nous sommes peut donner jusqu'à 100 pour un.

*

Par le geste des cendres, le chrétien se reconnaît limité et demande au Vivant de lui donner le Souffle qui l'unifiera et le déploiera. Par le geste des cendres, le chrétien accepte d'envisager sa propre mort et décide d'en faire un mourir solidaire de celui du Christ. Ce geste est bien évidemment agréé.

Jésus, cependant, instaure un autre geste que celui des Cendres, le geste du parfum : « Quand tu jeûnes, parfume-toi la tête »[75]. De la part de Dieu, il nous invite à la douceur envers nous-mêmes, qui permet plus de bienveillance à l'égard d'autrui. Comment pourrions-nous alors rester sourds à l'appel : « Convertissez-vous et croyez en la bonne nouvelle » ?

---

75. Mt 6, 17. Cette injonction a un sens premier différent : l'institution de l'univers intérieur, avec son secret. Mais une lecture n'exclut pas l'autre.

Le signe de croix

La descendante de couple mixte, catholique-réformé, que je suis a beaucoup de mal avec le signe de croix, parce qu'elle se trouve là au carrefour de deux fidélités incompatibles. En effet, les catholiques font ce geste, les protestants, généralement, non. Alors me voici sommée de choisir, ce qui me replace brusquement au cœur d'une histoire conflictuelle, assumée mais toujours douloureuse.

Je ne suis pas obligée d'en rester là : le Vivant, dans les Écritures[76], me dit que je ne suis pas obligée de rester malheureuse. Il doit y avoir une sortie. Pour en trouver le chemin, peut-être s'agit-il de réfléchir autrement la question de l'appartenance liée à ce geste. Ce ne sera possible qu'en redécouvrant le signe de croix, pour lui-même. Je voudrais m'y essayer ici.

*

Un beau geste

Pourquoi ? Parce que le geste est beau. Il a de la noblesse. Il reprend le symbole magnifique de la croix. Il peut constituer une parole du corps.

J'écoute cette réflexion d'un enfant maintenant adulte : « Quand j'étais petit, le moment du signe de croix était le seul où je pouvais prier avec les grands : les mots, je ne comprenais pas encore ce qu'ils voulaient dire, mais le geste, je pouvais le faire, moi aussi. » Cet enfant était, sans aucun doute, dans l'essentiel.

Le geste aimé

Comme la croix est un symbole important, la tentation est là d'absolutiser le geste, de voir en lui la marque typiquement chrétienne. Or les tout premiers chrétiens ne traçaient pas ce

---

[76]. Ce n'est pas le malheur obligatoire : voir Ez 34, 16 (« La brebis qui est grasse et bien portante, je veillerai sur elle. »)

signe sur leur corps, l'usage en est assez «tardif»[77]: 2e moitié du IIe siècle sur le front[78], fin VIIe-VIIIe sur le corps entier[79]; les façons de faire le geste varient selon les cultures, les confessions, quand celles-ci l'adoptent.

Cependant, le regard lumineux des catholiques interrogés à ce sujet m'a impressionnée, ainsi que leur pudeur et leur concentration dans l'acte de répondre. Ce qu'ils disaient venait des profondeurs de soi, avec gravité et joie. Pour moi, ce sont les indices certains du fait que le geste est bien vivant, qu'il fait partie de leur trésor, parmi les pièces maîtresses de celui-ci, qu'il est cependant dans le secret, le secret légitime des belles choses protégées. Les questionner m'emmenait loin, très loin de ce que pensent la plupart de nos contemporains: le signe de croix, un geste sacré figé, vide de présence, frisant la magie.

Un geste très prégnant

Tracer sur soi le signe de croix affirme incontestablement une appartenance, que souligne cette remarque d'agnostique: «C'est difficile de ne pas faire ce geste avec les autres, dont on s'est séparé, quand, par exemple lors d'un enterrement, on se retrouve à une célébration religieuse.» Ce geste, lorsqu'on l'a appris, reste donc prégnant: c'est une vraie marque, invisible, comme la circoncision du cœur.

Il fait mémoire du baptême, par la parole qui l'accompagne: «Au nom du Père, et du Fils et du Saint-Esprit». L'appartenance, c'est cette formule qui l'indique. Le geste du signe de croix, fondamentalement, dit mon appartenance au Vivant qui fonde et, ensuite, mon appartenance à la communauté de tous ceux qui se savent vivants par Lui, avec Lui et en Lui.

De fait, les Pères de l'Église mettaient cette marque, apposée en leurs siècles sur le front – ce que nous faisons encore –, en relation avec la lettre «Tau», symboliquement portée sur le front de ceux

---

77. «Le grand signe de croix, familier aux fidèles modernes, semble plutôt tardif» A. G. Martimort: *L'Église en prière*, Paris, Desclée et Cie, 1961, p. 159.
78. Josef Höfer, Karl Rahner: *Lexikon für Theologie und Kirche*, Freiburg, Herder, 1957-1965, p. 630 et Edouard Urech: *Dictionnaire des symboles chrétiens*, Neuchâtel, Delachaux et Niestlé, 1972, p. 48.
79. Edouard Urech: *Dictionnaire des symboles chrétiens*, id.

qui entraient dans la vie de Dieu, dans le Premier Testament Ez 9, 4 et 6 et dans le Nouveau Testament Ap 7, 3 ; 14,1.

Le signe sans marque aucune

Par le geste du signe de croix, il y a un signe mais sans marque aucune. Cela respecte ce passage biblique selon lequel l'homme ne doit pas être tatoué Lv 19, 28 comme du bétail, parce que Dieu le veut libre, lui qui s'ingénie à faire des titres de gloire[80] de toute marque et blessure imposées par la condition humaine, nos erreurs reconnues ou la cruauté d'autrui.

Un geste qui met à part

Le geste établit une coupure. Il ouvre et il ferme. Il met à part. Un ami me disait : « Moïse, devant Dieu, se déchausse. Le catholique ouvre et ferme la prière par le signe de croix. Sa vie chrétienne s'ouvre au baptême par ce geste, qui est le premier, et se ferme à l'enterrement par ce geste, sur le cercueil. »

Cette mise à part est renonciation, renonciation à tout ce qui détruit, soi-même, autrui, le monde. Mais ce non est pour un oui et la mise à part est remise à Quelqu'un, remise au Vivant. « C'est pour une protection », disent spontanément ceux qui sont loin du signe de croix. Les pratiquants ne l'excluent pas, mais ils ne m'ont parlé de cet aspect que secondairement. J'ai le sentiment que faire sur soi le signe de croix, c'est remettre sa vie à Dieu et faire le signe de croix sur autrui[81], c'est reconnaître ne pas le posséder, ouvrir les mains pour le laisser aller dans le Souffle. C'est se redire « apprenant » sur le chemin qui va de la condition humaine à la vie, avec le Maître qui, du gibet, a fait un arbre de vie.

Un geste qui nous revêt

Faire le signe de croix revient alors à revêtir le Christ, selon l'expression paulinienne, et c'est tout l'être qui est concerné. « Pour cette raison – même, me disait une collègue, j'aime que le geste soit ample. C'est un drapé qui enveloppe tout le corps, de la tête aux pieds et d'une épaule à l'autre. »

---

80. Je pense ici aux plaies du Ressuscité.
81. Pour le bénir, selon le geste catholique, ou lors de l'« à-Dieu » des funérailles.

Un geste qui unit

Dans cette séparation et cette mise à part pour le Vivant, si proche du «Ne me retiens pas» Jn 20, 17 des Évangiles, advient paradoxalement un nouvel «être ensemble», que nous découvrons tout au long de notre existence chrétienne: «Quand je trace ce signe, j'ai conscience que tout est un: entre Dieu et nous, entre nous les humains, entre les Vivants et les morts. Il n'y a plus la barrière malgré les différences» me disait une autre collègue, tandis que sa main dessinait une libre circulation, verticale, qui me fit penser à l'échelle de Jacob, et horizontale[82].

De cette unité, Christ est la clef de voûte. Tout est unifié et lié, ordonné en lui, qui structure le chaos en cosmos, au dehors de moi et en moi, depuis mes profondeurs abyssales jusqu'à mes rêves les plus fous.

*

Oui, le geste du signe de croix fait partie du trésor de ma foi.

---

82. Comment ne pas penser ici au regard de Christiane Singer obstinément attaché à la croix qu'elle voit depuis son lit d'hôpital et qui lui est dans le mourir un encouragement tonique, impétueux, puisque cette croix entrevue sur un toit caracole: «Par ma fenêtre rayonne une belle croix baroque qui chevauche le toit; puis quand je rouvre les yeux, j'ai déplacé la tête, ce sont les deux croix que je vois sous fond de ciel délicatement moutonneux. Radieuses, les croix qui unissent le haut et le bas, le jour et la nuit, le ciel et la terre, tout ce qui paraissait séparé.» Christiane Singer: *Derniers fragments d'un long voyage*, Albin Michel, 2007, p. 49.

Une figure pascale :
Josué, ou le courage du bonheur

Pâques ! C'est la sortie d'Egypte ! Oui, mais il y aura encore toute la traversée du désert. Et puis, il y aura l'installation en Terre Promise, déjà habitée. Pâques ! C'est la résurrection ! Oui, mais il y aura encore les quarante jours vers l'Ascension.

Nous, chrétiens, nous jubilons, et nous avons raison de le faire, mais nous semblons également considérer qu'au Dimanche de Pâques tout est advenu, tout est désormais facile. Aussi sommes nous très déboussolés dans nos propres existences, quand, sortis d'une détresse, nous ne parvenons pas tout de suite à vraiment entrer dans la joie. Nous ne comprenons pas : tout devrait aller bien maintenant, nous devrions être sereins et ouverts aux autres ; or nous sommes tendus, inquiets, nous nous sentons coincés. Nous nous le reprochons, nous en venons à nous méfier de nous-mêmes : « Je ne m'en suis peut-être quand même pas sorti. Je suis trop fragile. Je suis en train de rechuter. » Or, non, ce n'est pas cela. Simplement, toute démarche pascale prend encore du temps, une fois les obstacles franchis.

L'entrée dans le bonheur est encore un combat, à ne pas occulter, à ne pas sous-estimer. De fait, Josué, à qui, dans le Premier Testament, est confiée la mission de faire entrer le peuple juif en Terre Promise, s'entend dire et redire de la part de Moïse, de Dieu et du peuple : « Sois fort et sois courageux ». À travers Josué, ce *leitmotiv* s'adresse à nous, à tout homme ayant choisi la vie selon Dt 30, 19 : « C'est la vie et la mort que j'ai mises devant vous, c'est la bénédiction et la malédiction. Tu choisiras la vie pour que tu vives, toi et ta descendance. »

*

Qui est Josué ?

Dans les premiers livres de la Bible, Josué est un tout jeune homme. Nous le voyons mûrir et devenir un ancien dans le livre qui porte son nom. Il s'appelle « Osée, fils de Nûn ». Osée, en hébreu « *Hoshéa* », signifie « [Yah] sauve »[83]. Très sensible à l'enseignement de Moïse, Josué passe des heures et des heures à l'écouter, à le suivre, à le regarder faire et être. Or Moïse le laisse l'accompagner. À tel point que Josué devient le témoin, silencieux, de la prière tout intime du Maître avec le Seigneur. À la réception des Dix Commandements, il est là Ex 24, 13. Moïse l'a accepté comme disciple, auxiliaire et fils spirituel, allant jusqu'à modifier son nom, l'appelant désormais « Josué », ce qui signifie toujours « Yah sauve ». Le maître a simplement rajouté une lettre au nom premier : un yod. Selon la tradition juive[84], ce yod, retiré au nom de Sarah dans la Genèse, demeurait en attente. N'est-il pas vrai que pas un iota des Écritures ne doit être perdu ?

En mission contre Amaleq

Longtemps Josué reste sans mission. Quand il n'est pas auprès de Moïse, il prie dans la Tente de la Rencontre. Là, il continue de grandir. Un jour cependant, Moïse l'appelle et lui confie la lutte contre Amaleq dans la plaine, tandis que lui-même priera dans les hauteurs Ex 17, 8-16. Amaleq est un pillard, différent des autres en ceci qu'il veut « la solution finale », pour Israël. Or, nous disent les Écritures, « Yahvé est en guerre contre Amaleq, d'âge en âge. » Ex 17, 16

Explorateur de la Terre Promise

Une nouvelle mission succède au premier combat, victorieux, de Josué. Le jeune homme fait partie des éclaireurs que Moïse envoie en Terre Promise Nb 13 et 14. À leur retour, ces explorateurs tiennent des propos d'une logique surprenante, que je résumerais ainsi : « La Terre que Dieu veut donner à son peuple est magnifique, elle ruisselle de lait et de miel. Il ne faut pas la prendre, il ne faut pas y aller. » Pourquoi ? L'explication, non dite, est très simple : « C'est

---

83. O. Odelain et R. Séguineau : *Dictionnaire des noms propres de la Bible*, Paris, Cerf-Desclée De Brouwer, 1978.
84. Elie Munk : *La voix de la Thora, La Genèse,* Paris, Fondation Samuel et Odette Lévy, 1976, p. 172.

trop beau pour nous!». Et voici que monte un cri étonnant, après la sortie d'Egypte et les quarante ans de traversée du désert, ici, si près du but: «Retournons en Egypte! Nous voulons redevenir esclaves!» Un pas plus loin, le bien est appelé mal. Les explorateurs médisent en effet du beau pays: «Le pays que nous sommes allés reconnaître est un pays qui dévore ses habitants. Tous ceux que nous y avons vus sont des hommes de haute taille. Nous y avons aussi vu des géants (...) Nous nous faisions l'effet de sauterelles, et c'est bien aussi l'effet que nous leur faisions.» Nb 13, 32-33

La peur d'être heureux, tout humaine

Oui, le bonheur fait peur. Alors, nous sommes tentés de dire qu'il n'existe pas ou qu'il n'est pas pour nous, nous le calomnions en recourant à des raisonnements en «tout ou rien». Nous en venons à aimer le malheur et à l'épouser. Par là nous essayons de retrouver une maîtrise sur ce qui nous arrive. Alors Jésus demande à l'infirme de la piscine de Béthesda: «Veux-tu guérir?» La question peut surprendre. Pourtant, de fait, une fois guéri par Jésus, cet homme ira le dénoncer aux autorités Jn 5, 1-14.

Celui qui ne maudit pas le bien

Josué a le courage de se prononcer différemment des autres. Des mains se lèvent pour le lapider, mais il restaure la vérité et dit le bien, tel qu'il est: «Le pays que nous sommes allés reconnaître est un bon, un très bon pays.» Nb 14, 6 Josué ne maudit pas le cadeau de Dieu. C'est l'une des raisons pour lesquelles il parviendra à rentrer dans ce bonheur. Lui revient donc la mission de faire passer le peuple en Terre Promise. C'est la suite du mouvement pascal, il y a franchissement du Jourdain.

Cette histoire donne à comprendre que, si j'entends devenir ou rester roi de ma vie, il importe que je m'apprivoise au bonheur présent dans mon existence. Comment? D'abord à la manière de Josué, qui restait longuement dans la Tente de la Rencontre.

La prière pour s'apprivoiser à mon bonheur

La prière, c'est aussi cela: se tenir dans la contemplation du beau et du bon reçus, accoutumer son regard à la splendeur de leur lumière. Ce ne sera possible que si je renonce à la nostalgie.

Puis il y aura déploiement et redéploiement des heures passées sous mon propre regard en présence du Vivant, comme on déplie une belle étoffe, comme on laisse la symphonie d'un parfum se développer. Au début ce sera peut-être timide, mais doucement, tout doucement, je m'enhardirai. Puis, faisant partie du travail d'intégration du trésor à ma mémoire, il y aura le remerciement, ce que la Bible appelle «élever la coupe»[85]. Il y a urgence à cela, dès la jeunesse. Puisse cependant notre grand âge, qui est mémoire ancienne, devenir une telle liturgie, au fil des heures.

La lecture des Évangiles pour oser prendre

Pour les chrétiens, l'apprivoisement de soi au bonheur est aussi décision de suivre un autre Josué : Christ. Josué, Jésus, c'est le même nom. Quant à la lutte contre Amaleq, elle jalonne les Évangiles et perdure jusque dans l'Apocalypse. Néanmoins, la victoire est déjà acquise à Jésus tandis qu'il étend les bras en croix. Il franchit avec nous le Jourdain de toutes nos culpabilités et nous introduit dans une relation neuve à Dieu, simple comme l'enfance perdue, ici retrouvée. Nous voici alors dans le Royaume, qui commence dès maintenant. Pas à pas, nous voulons apprendre de ce Maître, notre Maître.

Lire les Évangiles, c'est aussi cela : réentendre les paroles anciennes et découvrir combien elles nous invitent à oser, quoi que nous ayons fait, prendre à pleines mains le bien, venu s'inscrire dans nos existences. Ce ne sera possible que si je laisse Dieu, en moi, se dégager de la figure du Grand Comptable, qui toujours me demande justification. Mais si je permets à Dieu de venir à moi, au moins aussi beau que dans mes rêves les plus riches en humanité, lui qui est plus beau encore, alors me sera donné de pressentir, puis de connaître la générosité magnifique du Père, non seulement à l'égard d'autrui, mais de moi-même. C'est de cette munificence que procède sa volonté que je reçoive, gratuitement, donc quoi que j'aie fait, à profusion. Le Père de Jésus-Christ fait lever son soleil sur les bons et sur les méchants. Puissé-je me donner le temps de

---

85. Ps 116 (114-5), 13 : «J'élèverai la coupe du salut en appelant le Nom de Yahvé.», «Rite d'action de grâces conservé dans la liturgie juive et chrétienne. Voir 1 Co 10, 16.» Bible de Jérusalem.

m'émerveiller[86] devant les bienfaits jalonnant mon existence, pour qu'ils soient réellement, effectivement, reçus !

Tenir le cap, avec Jésus

Il est riche d'enseignements pour nous de voir que, dans les Évangiles, notre Maître est souvent en proie à de violentes contestations. Il prend des décisions, en conscience et devant la Face du Père, puis agit. Ses ennemis, qui sont des autorités morales dans le pays, le traitent de glouton, d'ivrogne et lui reprochent de transgresser la loi. Ils en viennent à l'appeler Béelzéboul Mt 10, 25. Or il ne plie pas. Nous-mêmes, nous ne marcherons sur la Terre des vivants que si nous tenons ce cap. C'est, en plus grand encore, l'audace de Josué, qui osait penser autrement que les autres si nécessaire. Il se peut que nous défaillions parfois dans cette détermination. Pour tenir bon, nous viendrons et reviendrons inlassablement vers le Christ. Nous lui apporterons les critiques retentissant autour de nous et en nous, semant le soupçon. Cela ne nous évitera pas le combat qui consiste à oser croire en soi malgré tout. Mais n'avons-nous pas décidé une fois pour toutes de tout lui confier ?

L'Église pour s'encourager les uns les autres

L'histoire de Josué nous montre que nous ne rentrons pas seuls en Terre Promise, mais avec d'autres. Nos aînés les juifs disent que nous ne sommes jamais sauvés seuls mais toujours avec dix autres, ce qui correspond au *minyan*[87]. Autrement dit, quand je travaille sur moi pour plus de bonheur, ce n'est pas seulement à mon bénéfice, cela retentit sur la qualité de vie d'autres, sans que j'en aie forcément conscience. Inversement, je reçois de leur travail sur eux-mêmes.

La façon qu'avait cette belle inconnue, âgée, rencontrée dans le tram, de faire face à l'épreuve du temps, me donne du courage aux heures de vertige devant l'avenir. La façon de mourir de cette amie m'aide à me situer autrement devant la peur de la maladie. La façon qu'a son mari de vivre ce temps avec elle me laisse

---

86. Seul l'émerveillement permet le miracle. Significativement les deux mots ont la même étymologie : « s'étonner ».
87. Le *minyan* est le *quorum* nécessaire à la prière communautaire juive : ils s'agit de dix hommes. Or certaines prières importantes dans la vie de l'individu ne peuvent être dites qu'en communauté.

entrevoir un possible insoupçonné : il est des façons de vivre les derniers moments avec l'aimé qui vous donnent *peut-être* une force inattendue au-delà de la séparation.

L'Église, c'est aussi cela : cette solidarité de ceux qui ont été appelés hors de... (telle est l'étymologie du mot) et qui marchent effectivement, inventant des chemins pour que la vie et la beauté et la tendresse l'emportent malgré tout ! Dans mon existence, ce ne sera possible que si je me situe simplement en enfant des hommes avec les autres enfants des hommes, dans une démarche authentique, et si j'ose appeler à l'aide quand c'est dur, au lieu de me replier sur moi comme la souffrance invite à le faire. Je crois que viatique me sera alors donné pour les heures difficiles, de la part de Dieu, par ses anges. Cela ne m'économisera pas pour autant la part de travail qui me revient, à commencer par le discernement de la confiance possible ou encore impossible.

*

Il est bien des aspects de la figure de Josué, que je n'ai pas mis en valeur ici : le disciple, le lutteur, le chef de peuple, l'administrateur, le grand priant. J'ai simplement retenu deux caractéristiques du personnage, qui me paraissent liées.

D'une part, Josué reste stable dans la reconnaissance, dans tous les sens de ce mot. Il sait se recevoir de Moïse et de Dieu ; il reste capable de voir le don de Dieu, jusque dans le vertige et la peur, au milieu des avis contraires et de l'hostilité des siens ; il n'oublie pas de remercier.

D'autre part, Josué est un marcheur. Je pense que ce qui soutient sa marche, c'est l'audace de la confiance. Il va vers une Terre Promise, ose y croire, plus encore ose croire en quelqu'un qui ne lâchera pas. Tout comme la Terre Promise n'est pas forcément un espace géographique, cette marche n'est pas forcément physique. Elle peut être dans l'immobilité. Mais elle trace un chemin au sens juif du terme : elle va obstinément vers la vie, au milieu même des entraves. Nous voulons la mener avec cet autre Josué qui disait être le Chemin.

Rien, le Samedi Saint ?

Voici Pâques !
Jeudi saint. Pas question pour moi de dîner seule, ce soir-là ! Je m'invite chez des chrétiens, pour un repas rapide mais festif. Puis c'est l'eucharistie. Fleurs, parfum, belle vaisselle, visages attentifs, gestes repris au long des siècles, récit transmis de génération en génération, retrouvailles entre nous année après année, à la fois mêmes et changés, c'est un moment important dans notre paroisse, avec le Maître. Puis le tintement des cloches s'éteint.

Vendredi. Dépouillement du lieu. À la fin de l'office, l'église est vidée. Même le cierge pascal sort. Oui, le Maître a été emporté pour être torturé, assassiné : la maison est dévastée.

Dimanche sera floraison nouvelle dans les chants, la musique et l'appel joyeux des cloches sonnant à toute volée.

Mais entre temps, rien ? Pendant le Samedi Saint, rien ?

*

Dieu est mort

Au samedi précédant la nuit pascale, c'est le grand silence. Il n'y a aucune messe, ce jour-là, dans notre espace liturgique. C'est tout à fait extraordinaire ! Dans toute l'année, cela n'arrive jamais, sauf au Samedi Saint. À la maison, l'horloge s'est arrêtée ; elle n'a plus été remontée : Celui qui avait créé le temps, et lui donnait sens, est au tombeau.

« Dieu est mort ! » Le cri de Nietzsche, un cri, non de jubilation comme on le croit souvent, mais d'horreur, est ici nôtre : « Nous l'avons tué (...) Mais comment avons-nous pu faire cela ? Comment avons-nous pu vider la mer ? Qui nous a donné une éponge pour effacer tout l'horizon ? Qu'avons-nous fait quand nous avons détaché la chaîne qui liait cette terre au soleil ? »[88]

---

88. Nietzsche : *Le gai savoir*, Paris, Folio Gallimard, 1950, p. 166.

Le croyant connaît l'athéisme

L'athéisme n'est pas hors de la foi. Il est en elle, comme ce jour du Samedi Saint au cœur du triduum pascal, comme le livre de Job au milieu de la Bible, la dynamitant de l'intérieur. Car il y a les heures de doute, de colère et d'effroi, endurées, traversées : le croyant sait ce que c'est qu'être privé de la perception de la présence de Dieu. Le mystère du mal est peut-être autrement virulent pour qui croit en Dieu que pour qui croit au néant. Il y a enfin cette discipline que nous cultivons, la discipline de l'apophatisme. Elle consiste, pour ne pas se faire de faux – dieux, à garder à l'esprit que Dieu est toujours surprenant par rapport à tout ce que nous savons ou pensons ou croyons. D'où cette question qui parfois monte en nous : « Suis-je bien fidèle à l'athéisme en moi ? »

Donc, même quand on est Dieu, il faut un jour mourir

Dieu est mort. Ce n'est pas seulement nous, les hommes, qui passons par là, Dieu aussi. Il n'est pas d'autre passage, semble-t-il. Paradoxalement, être consciente de cela me donne plus de force que lorsque je vais vers de vagues rêveries pour une échappatoire.

Dieu lui-même se soumet à la loi du grain de blé. Il est ainsi mon aîné, le « fendeur de matrice »[89]. Il file devant moi et m'ouvre le passage étroit, me fraye un chemin. Je regarde et j'apprends.

Christ repose

De la mort, Jésus parlait comme d'un sommeil. Et voici qu'il dort. Il respecte Shabbat comme jamais ! Le Christ repose. C'est fini et, dans nos églises d'Alsace, sur le côté, nous avons beaucoup de ces « beaux dieux »[90] de la statuaire gothique paisibles, endormis, étendus nus, un linge leur ceignant les hanches, les mains jointes sur le pubis.

Ne pas désespérer des hommes

Je me souviens d'une jeune femme en détresse que l'image du crucifié des calvaires hantait. L'insupportable, c'était, par sympathie, ce corps de pierre sans fin pendu, sans fin soumis à la tension du poids, de son propre poids. La jeune femme ne supportait plus et se

---
89. C'est ainsi qu'est nommé le premier-né, chez les juifs.
90. Comme on parle du « Beau Dieu » d'Amiens.

disait : « Si seulement quelqu'un venait et le dépendait, si seulement il pouvait reposer ! » Bien sûr, la jeune femme projetait sa propre souffrance sur des statues, qui ne ressentaient rien. Elle appelait au secours. Mais elle disait également une immense compassion, tout humaine, que ressent le chrétien dans la traversée du Vendredi Saint. Or le Christ du Samedi repose : quelqu'un est venu, l'a dépendu, a pris soin de son corps, l'a lavé, parfumé à grand prix, l'a étendu dans un linceul propre. Il s'est trouvé quelqu'un pour prendre ces risques et se donner cette peine : des amis lointains, d'anciens élèves, un peu de famille. Beaux gestes d'humanité, qui dans la violence et la turpitude générale sont pour nous aussi un baume. Non, ne désespérons pas de l'humanité.

Une initiation du désir

Jésus dort. Ne disait-il pas : « L'œuvre est accomplie » ? Alors, il repose. Devant le bien-aimé endormi, toujours nous éprouvons deux désirs contradictoires : le laisser dormir, parce que nous savons que le sommeil est un cadeau précieux ; le réveiller, pour rentrer en relation avec lui. Mais, dit le Cantique des Cantiques : « N'éveillez pas, ne réveillez pas mon amour avant son bon vouloir. » Ct 2, 7 Quant à la relation, pourquoi s'exercerait-elle moins parce que l'autre dort ? Nous l'aimons autant et il nous aime autant quand il est éveillé et quand il dort ! Il ne nous aime pas moins ! Laissons être et advenir. Ne brusquons pas. Le Samedi Saint est une initiation du désir.

Le temps de l'invisible

Au Samedi Saint, en apparence, il ne se passe rien. Mais Jésus avait parlé de sa mort en recourant à l'image du grain de blé. C'est de cela qu'il s'agit. Ainsi, quand le grain de blé est mis en terre, pendant longtemps on dirait qu'il ne se passe rien. En surface, effectivement, rien n'apparaît. Pourtant, au secret de la terre, le grain s'ouvre, absorbe la nourriture du sol, pousse des petites racines vers le bas, une tige encore timide vers le haut. Quand celle-ci devient visible dans le champ, cela fait bien longtemps déjà que la vie s'est mise au travail. Le Samedi Saint est ce temps de l'invisible. Ne disons-nous pas, dans notre *credo*, je crois au monde visible et invisible ?

Quitter la vision linéaire du progrès

Dans le parcours initiatique pascal, nous apprenons la confiance, pour les deuils et notre propre mort, mais aussi pour tout travail d'apprentissage, tout travail de guérison, tout travail de remise d'aplomb de notre pensée quand elle a été faussée. Le Samedi Saint nous fait sortir d'une vision, erronée, mais ô combien répandue, du progrès linéaire, qui nous fait nous impatienter quand soudain le mieux semble stagner : c'est que le progrès n'est pas linéaire, il a ses avancées et ses paliers, ses apparentes régressions aussi, qui préparent secrètement une nouvelle avancée. Puissions-nous entrer dans ce mystère, pour garder courage et exercer à l'égard d'autrui notre vocation prophétique initiée par le baptême. En effet, ceux qui peinent dans l'apprentissage ou une rééducation ou une guérison ont besoin de ce regard, à la fois rigoureux et attentif, qui perçoit, jusque dans les échecs ou les immobilités, ce qui déjà annonce un mieux.

Il descend vers moi

Pour dire les enjeux du Samedi Saint, nous avons dans notre iconographie une image, venue du monde orthodoxe, bien enracinée dans notre *credo*. Ce jour-là, alors qu'il semble ne rien se passer, le Christ descend aux enfers[91], pour en tirer tous ceux qui gisent à l'ombre de la mort, symbolisés par Adam et Eve. Moi qui m'appelle Eve, et Eve Renée, j'écoute de tout mon être et je jubile. Mais ce que je comprends là nous est donné à tous, nous les humains !

Ainsi, Christ descend dans toutes les situations de détresse qui m'immobilisent, il me tend la main et va remonter avec moi vers la lumière : « Partons d'ici, vite ! » C'est un exode, comme la sortie d'Egypte ; c'est aussi une danse.

Il le fait à Pâques, mais lorsque je lis les Évangiles et regarde mon existence passée, je vois bien qu'il passe son temps et son éternité à cela. Je crois que je remonterai toujours neuve avec lui, comme mon baptême me l'a promis. Je veux risquer la confiance, prendre la main tendue et ne pas la lâcher, me laisser emporter. Et je veux garder toujours vive la mémoire de ces heures où le

---

91. Pas en enfer, aux enfers, ce qui désigne simplement la condition d'homme mort.

ciel est descendu dans ma prison, sous terre, où le soleil s'est dérouté pour venir chez moi. Je veux ne jamais douter, après coup, de cela.

Que jamais je ne sois séparée de toi !

Je le veux. Pourtant, il est des heures où je chancelle. M'en ferai-je le reproche ? Lirai-je cette faiblesse comme une annulation des acquis, comme un échec ? Ce serait oublier déjà l'apprentissage du Samedi Saint, qui dit le progrès non linéaire. L'important est de maintenir ce cri vers le Seigneur de la danse[92] : « Que jamais je ne sois séparée de toi ! »

*

Pendant le Samedi Saint, il ne se passe rien ? Oui et non. Et, et ! Elle est difficile, pour notre pensée occidentale, cette articulation de deux réalités. C'est une véritable épreuve. Ce travail spirituel est néanmoins fécond.

Le Samedi Saint est une sorte de vide dans notre liturgie. Mais ce n'est pas le vide pour le vide. C'est un moment de sidération, de compassion, de réflexion, de méditation, et une attente, à la fois inquiète et paisible. Nous sommes près du beau Dieu endormi et guettons la reprise du souffle. Nous sommes dans nos paralysies et scrutons la nuit pour entendre les pas du libérateur.

En dépit de toute cette vigilance, quand vient le dimanche de Pâques, nous ne nous sentons pas tout à fait prêts. N'en était-il pas de même à Noël déjà ? Nous ne nous sentons jamais prêts. Oui, nous nous joignons aux autres pour fêter la résurrection, en nous disant : « Il est ressuscité ; mes aînés dans la foi le vivent ; moi, parfois, je le vis comme une évidence, sans savoir cependant le comment de la résurrection. Mais, parfois, je ne sais plus. Alors je me précède, je me fie à mon élan. »

C'est ainsi qu'advient ce que chante un poète contemporain, Gérard Pfister[93]. À Pâques, quand Christ rejoint Adam et Eve : « Voici l'avènement, et la merveille est que *toujours* cela ait été. Voici la grâce, et la douceur est que ce soit comme si jamais elle ne nous avait quittés. – Toujours il était là, le mouvement profond

---

92. C'est le titre d'un des ouvrages de théologie de Moltmann.
93. *Blasons*, Orbey, Arfuyen, 1999, p. 128.

qui nous portait, et toujours nous lui avons obéi. Quand bien même nous luttions, notre lutte n'était que cette danse et, dans la danse, les tensions, les torsions de la métamorphose. »

Samedi Saint, c'est tout cela... au milieu des courses et des préparatifs, pour le lendemain et le surlendemain, où il y aura plein d'invités !

Joueur et plus fort que tous les destins, l'Agneau !

Pour emblème sur leur blason, les grands choisissent en général une figure redoutable : aigle, lion, léopard, sanglier... L'objectif est d'impressionner. L'emblème des chrétiens, et d'abord du Christ, c'est l'agneau. De fait, les chrétiens savent que là est leur vocation puisque la vie chrétienne dans l'Apocalypse est ainsi définie : « Ils suivent l'Agneau partout où il va » Ap14, 4. En ceci, l'Agneau devient le berger.

Citadins pour la plupart, nous ne sommes peut-être plus familiers de cette symbolique, qui pourtant habite notre art pictural, nos oeuvres musicales et nos prières liturgiques. Je voudrais ici la redéployer, pour le bonheur. Car cette symbolique est un trésor !

Dans un premier temps, je rappellerai le rapport concret de cet animal avec les humains, afin de baliser un chemin et d'écarter de fausses pistes. J'essaierai ensuite d'approcher l'Agneau dans la vie du Christ et dans sa dimension liturgique.

*

La symbolique initiale de l'agneau

L'agneau ne vit pas aux dépends de, ce n'est pas un prédateur. Au contraire, il donne sa vie. Toute la civilisation d'Israël, pendant des siècles de nomadisme, a vécu de lui presque exclusivement. Le sol et les murs de la maison, les couvertures et les habits, la nourriture et la boisson viennent de lui. Car l'agneau donne sa viande, son lait, sa peau, sa laine et sa chaleur. Fragile et doux, il ne fait de mal à personne. Il est joie de vivre, aimant à jouer avec vous, jetant ses quatre pattes en l'air en même temps et sautant de bon cœur. Il est naïf au sens étymologique du terme : « natif ». Mais « natif » en français signifie aussi « pur » et l'on parle d'or natif à ce titre.

Très vite se mettent en place des malentendus dans les mentalités chrétiennes à partir de cette réalité. La tentation la plus habituelle est sacrificielle : tout accepter, voire se faire victime, « comme un agneau que l'on mène à l'abattoir » Is 53, 7. Or, nos amis juifs insistent là-dessus à juste titre : la Bible, au livre de la Genèse[94], nous apprend à n'être ni victime comme Abel, ni bourreau comme Caïn, mais auteurs d'une troisième voie à inventer puisque nous sommes descendants, non d'Abel, non de Caïn, mais de Seth, troisième enfant d'Adam et Eve. De fait, le Christ se défend, au tribunal, lors de sa passion.

Une autre erreur, complémentaire de la précédente, consiste en une douceur mièvre. Pourtant, la vraie douceur n'a rien à voir avec la suavité et la bonté n'a rien à voir avec la gentillesse. Je suis de fait souvent frappée de découvrir quelle cruauté cache à long terme la gentillesse. Jésus n'est pas sans caractère. Jésus, dans les Écritures, se met parfois en colère. Il peut se faire intransigeant, dans une grande majesté. C'est que, selon l'Apocalypse, l'Agneau est un lion Ap 5, 5 ! L'Agneau a du caractère.

Il y a enfin la tentation de la pureté obsessionnelle : rester d'une blancheur immaculée, ne pas prendre de risques, ce qui revient à ne pas vivre. Pierre Emmanuel ironisait à ce sujet :

> Que l'Agneau
> Ne s'égare pas dans la neige
> Qu'il ne se perde point parmi les purs
> Car sa toison n'est pas d'un blanc de neige
> Elle est gris jaune et sent le suint elle est mêlée
> De ronces et l'argile humaine y colle après
> Et l'odeur de fornication et le sang fade
> Et le baume rance des larmes ! Dieu est sale
> Ô purs[95].

Effectivement, l'Evangile est bien la bonne nouvelle du Christ venu « se poussiérer » avec nous.

---

94. Gn 5 ; Josy Eisenberg et Armand Abecassis : *Moi, le gardien de mon frère ? À Bible ouverte IV,* Paris, Albin Michel, 1980.
95. Pierre Emmanuel : *Evangéliaire,* dans *Œuvres poétiques complètes,* premier volume, Lausanne, L'Age d'Homme, p. 1017-1018.

L'agneau dans la vie de Jésus

L'agneau est présent dès les commencements dans la vie de Jésus, avec l'adoration des bergers. Les peintres ont aimé tout au long des siècles établir un système d'échos entre le nouveau-né et l'agneau pascal. De même l'Evangile selon Jean s'ouvre et se ferme sur l'évocation de l'Agneau, ce qui signifie la présence invisible de celui-ci tout au long du texte. Car, à l'entrée de Jésus dans sa vie publique, il y a cette proclamation du Baptiste : « Voici l'Agneau de Dieu qui enlève le péché du monde », réitéré le lendemain : « Voici l'Agneau » Jn 1, 29 et 35. Dire deux fois, c'est souligner. Nous sommes donc devant un message essentiel. Ecoutons.

Celui qui prend ici la parole, Jean-Baptiste, est prêtre, donc sacrificateur. Il sait mieux que personne reconnaître l'Agneau sans tache de la liturgie. Jean-Baptiste est aussi l'homme intègre, exigeant, voire sourcilleux quant à la qualité de l'exercice du culte divin. C'est à ce titre qu'il a osé remettre en cause le service du Temple tel qu'il s'exerçait en son temps. Le voici par conséquent au désert, donnant un enseignement qui fait autorité à la fois pour sa qualité intrinsèque et en raison des conditions dans lesquelles il est délivré. Et puis, Jean n'est pas commode ! Ici, sa parole est publique, dite devant ses élèves et ceux qui sont venus à lui pour se faire baptiser. Elle est amplifiée par un long propos témoignant et établissant massivement Jésus dans son autorité, reconnue plus grande que la sienne propre, reconnue comme l'autorité du Messie lui-même. Il y a enfin le regard du Baptiste posé sur Jésus, regard intimidant : « Il regarda Jésus qui passait et dit... » Jn 1, 36. La formule elle-même est saisissante dans sa sobriété, à tel point qu'elle a passé les siècles, qu'elle est inlassablement chantée par les musiciens de tous les temps, et que nous la redisons, particulièrement concentrés, d'eucharistie en eucharistie : « Agneau de Dieu qui enlèves le péché du monde... ». Jean-Baptiste disait ceci à partir de sa civilisation du bouc émissaire. Pourtant cette parole continue de nous parler, à nous, dans notre culture autre.

Au pied de la croix, dans l'Evangile selon Jean, le disciple bien-aimé est témoin de la grande douceur du Christ jusqu'en sa passion. Il voit aussi qu'aucun de ses os ne lui est brisé, ce qui est le sort des agneaux de Pâque abattus à la même heure, sur la colline en face, dans le Temple. Et le jeune disciple de comprendre : l'Agneau véritable, c'est le Christ ! Matthias Grünewald a mis ceci en évidence dans le Retable d'Isenheim. En effet, le peintre a placé au pied de la croix un Jean-Baptiste tout à fait anachronique, le doigt, volontairement surdimensionné, pointé sur le Christ, pour signifier que le « Voici l'Agneau » prophétique est allé jusqu'au bout de son expression. Matthias Grünewald, le visionnaire, a ajouté au pied de la croix un autre personnage : l'Agneau de l'Apocalypse, immolé et intact. Car tel est bien Christ en croix : sanglant, douloureux, mis à mort ; mais victorieux jusque dans la mort, pour être resté bénédiction.

Le vainqueur, c'est l'Agneau !

On a pu enlever à Jésus sa vie, mais on n'a pas réussi à lui enlever son amour pour les hommes, pour lui-même et pour son Père. On n'a pas pu le faire renoncer à ce qu'il estimait être son œuvre, cette contribution tout à fait personnelle, gracieuse, pour que la vie des hommes soit et pour qu'elle ait saveur, tendresse, sens. Or voici qu'en Jésus, aujourd'hui encore, nos existences montent en fruit, jusque dans la mort, parce qu'il nous apprend non seulement à vivre mais à mourir. En effet, avec lui nous découvrons qu'il est une façon de mourir qui triomphe de la mort : c'est ce « mourir vers le Père » dont parlait le théologien François-Xavier Durrwell qui ajoutait : « Rien au monde n'est grand ni beau comme Jésus-Christ. En Jésus, rien n'est grand ni beau comme sa mort. On peut même penser que Jésus en sa mort est ce qu'il y a de plus grand et de plus beau que Dieu puisse réaliser dans le monde. Il est son chef-d'œuvre. »[96] C'est la « sienne mort », la « grande mort » que le poète Rilke voulait ne pas manquer, si bien qu'il la demandait dans cette prière :

> O Seigneur, donne à chacun sa sienne mort.
> Ce dernier souffle issu de sa vie même,
> où il eut amour, sens et nécessité. [97]

---

96. François-Xavier Durrwell : *La mort du Fils*, Paris, Cerf, 2006, p. 81 et p. 15.
97. Rainer Maria Rilke : *Le livre de la pauvreté et de la mort*, trad. Marie Cornebize, Editions Autour de Rilke, 2006, p. 22-23 : « O Herr, gib jedem seinen eignen Tod. / Das Sterben, das aus jenem Leben geht, / darin er Liebe hatte, Sinn und Not. » Rilke poursuit : « Donne-nous celui qui possède la science, / de conduire notre vie en espaliers, / autour desquels le mai commencera de donner. / (...) / L'enfanteur de la grande mort » p. 25 et 31.

Celui dont le sort semble joué de façon tragique au sens grec de ce mot, dans une sorte de destin implacable, celui que les hommes avaient condamné à être mené à l'abattoir, voici que son Père en a fait un fendeur de matrice, un premier né, un agneau pascal : celui qui invente un chemin dans l'aporie même, pour lui et pour ceux qui le suivent. Jésus est bien l'Agneau immolé mais intact que célèbre l'Apocalypse.

L'Agneau de l'Apocalypse, Maître de vie

Au cœur de ce livre mystérieux qu'est l'Apocalypse, dernier livre des Bibles chrétiennes, il y a la théophanie de l'Agneau mystique. C'est une grande liturgie, dans laquelle, environné des quatre Vivants et des anciens, de ceux qui ont lavé leur robe dans le sang, donc la vie, de l'Agneau allant jusqu'au martyre, de la foule innombrable des témoins de toutes races et de toutes nations, Dieu le Père accueille Christ, « Agneau debout qui semble immolé », terrible avec ses « sept cornes et ses sept yeux, qui sont les sept esprits de Dieu envoyés par toute la terre » Ap 5, 6.

C'est une célébration de la victoire du Christ jusqu'en sa Passion. D'où l'exultation et l'amplification grandiose, qui succèdent, comme un grand bonheur ivre, au terrible traversé. Nos liturgies sont toutes ainsi fête, donc affirmation de la joie sur fond de mort. Elles se souviennent et parfois anticipent, parfois même défient. Il est bon que nous ayons cette témérité.

Mais la liturgie la plus belle, ce fut celle qui se déroula dans le Temple du cœur du Christ tout au long de son existence. Jean Grosjean en a sans doute une approche fidèle, par la poésie : « Quand il s'est réveillé, le ciel pâlissait à la fenêtre, piqueté des derniers tremblements de constellations. Il se lève. Il regarde l'azur s'approfondir. Il voit des étoiles qu'on ne voit plus. L'âme affleure à ses lèvres qui bougent à peine. Il chuchote au Père ce que c'est que naître, commencer, être fils... »[98] Cette liturgie a culminé pendant la Passion[99] dans la douceur de l'Agneau. Les Évangiles nous montrent en effet Jésus montant

---
98. Jean Grosjean : *L'ironie christique*, Paris, Gallimard, 1991, p. 80-81.
99. Je reçois cette lecture de la Passion des enseignements de René Wolfram, prêtre, auteur régulier de l'éditorial de *Préludes*.

résolument vers Jérusalem, le visage dur[100]. C'est à mettre en relation avec le livre d'Isaïe : « C'est pourquoi j'ai rendu mon visage dur comme pierre » Is 50, 7. Rien à voir avec le rejet d'autrui. Il s'agit de détermination. Rien à voir avec la volonté des poings crispés. C'est la liturgie dans le Saint des Saints du cœur. Ainsi, dans l'affrontement avec le mal, Jésus est hermétiquement clos sur lui-même et intérieurement plein de la seule présence à son Père. La haine, la veulerie, la laideur ne peuvent pas entrer en lui : il est intérieurement saturé de cet amour, il n'y a plus de place pour elles. Mais de cet amour découle une capacité d'attention aux autres étonnante, qui lui permet de dire une parole de réconfort à chacun.

Au cours de la liturgie de l'Apocalypse, l'Agneau se voit remettre un livre, de révélations, scellé de sept sceaux, « que nul n'a été digne d'ouvrir, ni de regarder. » Ap 5, 3 Est-ce le Livre de Vie qui a tant d'importance dans la liturgie juive de *Roch Hachana* et *Kipour*, livre dans lequel Dieu inscrit le nom de ceux qui vivront ? Les Évangiles nous disent que le Père a remis le Jugement au Fils, ce livre est donc bien entre ses mains, et l'Apocalypse le confirme.

Le texte de l'Apocalypse laisse cependant le symbole ouvert : le Livre de l'Agneau dépasse ce que nous en savons.

Toutes proportions gardées, sans doute y a-t-il là une clef de lecture pour nos propres existences. Je crois que nous ne pouvons avoir accès au sens de notre vie qu'à certaines conditions que ce passage de l'Apocalypse énonce. Notre vie, parfois, peut-être souvent, nous paraît chaotique voire absurde. Elle est alors scellée de sept sceaux. Nous-mêmes n'avons pas accès à sa compréhension. Dans l'après-coup, notre vie peut s'ouvrir avec ce Maître de lecture vivante qu'est l'Agneau. C'est quand nous parvenons à reconnaître que nos rêves les plus chers ont été mis à mal par l'existence, voire détruits, mais qu'en même temps, dans le compagnonnage avec le Vivant, ils se sont pleinement réalisés, certes peut-être sous une forme déroutante. Qui parvient à ce regard sur sa propre existence, a accès au livre de la vie, impénétrable pour beaucoup.

La biographie de Charles de Foucault, par exemple, correspond à cette herméneutique paradoxale. Cet homme a rédigé un livre

---

100. Lc 9, 51. Note de la TOB : « Litt. Il durcit sa face pour prendre la route de Jérusalem. »

entier de règles pour la communauté qu'il voulait fonder. Or il est resté seul. Son rêve a été anéanti. Pourtant, il s'est réalisé, et en grand, puisque aujourd'hui vivent de telles communautés.

Notre liturgie de l'Agneau

Notre propre liturgie dominicale de l'Agneau s'appuie surtout sur la proclamation du Baptiste. « Voici l'Agneau de Dieu qui enlève le péché du monde », redisons-nous. En français, nous entendons dans ce verbe « enlève » que Christ prend, soulève dans un geste ample, rapide et presque facile que seuls les colosses normalement savent faire, puis emporte définitivement au loin le péché du monde. C'est vraiment une libération. Quant au péché, il s'agit du ratage, de tous les ratages, voulus ou involontaires, les nôtres, ceux du monde entier. Ils nous sont enlevés si nous acceptons de nous recevoir de la douceur de cet autre, l'Agneau. Alors, mystérieusement, nous qui sommes si accablés par tant de choses lourdes, trop lourdes pour nous, voici que nous ne portons plus. Nous ne portons même plus la culpabilité de... ne plus porter. Heureux ceux et celles qui entrent dans le mystère de l'Agneau qui soulève le fardeau. Heureux ceux et celles qui apprennent – car cela s'apprend – à déposer le poids chez l'Agneau, qui, lui, emporte...

Nous ajoutons une prière, répétée moins pour Dieu que pour ce qui s'opère en nous dans cette scansion : « Agneau de Dieu, qui enlèves le péché du monde, prends pitié de nous ; donne-nous la paix. » Le mot « pitié », comme le mot « péché », demande à être retraduit dans nos mots à nous. En effet, nous ne l'aimons plus. Qui voudrait être pris en pitié ? C'est même devenu une insulte : « Va, tu me fais pitié ! » Or, « prends pitié de nous », c'est très beau. Littéralement traduite, la formule latine sous-jacente serait : « Tourne-toi vers celui qui est mal en point ! » Superbe, non ? Alors, notre liturgie de l'Agneau – liturgie signifiant « œuvre de prière » –, c'est de chanter ou dire ceci pour le monde et pour nous-mêmes, dans un acte d'Église rassemblée en corps lors de l'eucharistie dominicale. C'est aussi de le chanter ou de l'écouter en nous joignant à l'œuvre d'un artiste intercédant. Comment ne pas songer ici par exemple à l'*Agneau de Dieu* de Bach, dans sa *Messe en si* ? Nous pouvons enfin, dans le secret de notre chambre ou au volant de notre voiture dans un trajet solitaire, répéter cette parole tranquillement en nommant des êtres dans la peine : « Agneau de Dieu qui enlèves le ratage du monde, tourne-toi vers celui qui est mal en point : Marc, Nour, Delphine, Judith... »

*

L'expression technique « suivre l'Agneau », qui signifie « devenir son disciple », renvoie donc à une aventure passionnante. Elle consiste à apprendre la joie de vivre, dans une « royale naïveté »[101] selon l'expression de Maurice Bellet, avec une générosité que même la peur de la mort en travail n'entame pas. C'est entrer dans la bonté qui n'accepte pas le n'importe quoi mais reste toujours un recours. C'est apprendre à transformer un destin en chemin pascal, et pour soi, et pour les autres, de façon à ce que la vie et la tendresse et la beauté l'emportent malgré tout. C'est pouvoir relire sans amertume notre existence blessée avec ses rêves légitimes brisés et cependant advenus en plénitude ou en voie de réalisation. Puissions-nous, malgré les coups durs et sans nier le chagrin, nous élancer avec l'Agneau, doux, et vivants, peut-être heureux quand même !

---

101. Maurice Bellet, *Sur l'autre rive,* Paris, Desclée de Brouwer, 1994, p. 47.

Autour de la Pentecôte

La Pentecôte, c'est difficile

Noël et Pâques, par leurs noms qui signifient la naissance et le passage, font rêver. La Pentecôte, fêtée le septième dimanche après Pâques, au nom moins évocateur, «cinquante jours» sous-entendu «après Pâques, la sortie d'Egypte et la Résurrection», est plus difficile à approcher. De fait, peu de coutumes et de gestes traditionnels l'accompagnent et la magnifient, dans les familles.

Il est significativement difficile d'écrire sur la Pentecôte. Mon texte, ici, sera plus flottant en sa facture, non par indécision ou manque de travail, mais parce que la Pentecôte, c'est toujours l'ouvert, un chantier qui bouge et bougera encore.

Dans l'histoire des hommes, la Pentecôte est d'abord une fête agricole. Si, à Pâques, le grain a, selon un mot de l'ancien français trési, donc si la jeune tige a franchi la surface du sol, laissant poindre une pousse timide, ce qui atteste que la semence n'a pas pourri en terre, à la Pentecôte, le blé est monté en tige et, s'il n'y a pas d'orages et de grêle, normalement la moisson sera possible. Elle sera faite et fêtée le 15 août. Pour nous, Pentecôte est donc une plus ferme assurance.

Liturgiquement, dans le Premier Testament, Pentecôte est le moment du don au peuple juif, par Dieu, de la Loi Ex 19 à 24, que nous appelons «les dix commandements», qu'il conviendrait plutôt de nommer «les dix paroles», permettant à une vie personnelle de se déployer vraiment, dans une vie sociale saine.

Rien à voir avec une restriction du champ du possible pour brimer. Le Dieu qui donne cette Loi se présente explicitement, et c'est un signe, comme celui qui a délivré de l'esclavage en Egypte. Sont mises en place, certes à partir de limites protectrices, les conditions de l'existence trouvant son équilibre.

Ces dix paroles, exposées dans les Écritures en Ex 20, 2-17 et Dt 5, 6-21, le psychanalyste Daniel Sibony les commente puis les retraduit ainsi :

« 1. L'être est le seul recours pour sortir de l'esclavage. Tout autre sauveur remplace un esclavage par un autre.
2. Rien d'autre que l'être ne vaut d'être divinisé. Pas d'idolâtrie. Elle implique une mutilation qu'elle transmet aux descendants, et ils en souffrent sur plusieurs générations.
3. Pas de mensonge sur le Nom de l'être ; sur la façon de l'appeler. L'être divin fait mentir toute parole qui le limite.
4. Pas d'activité sans arrêt : c'est non créatif, ou destructeur. Il faut offrir un septième de la semaine à l'être-créateur.
5. Reconnais le poids de tes parents.
6. Pas de meurtre.
7. Pas de sexe sans lien symbolique.
8. Pas de vol.
9. Pas de faux témoignage.
10. Pas d'envie pour ce dont l'autre jouit. Trouve ta jouissance autrement, comme la tienne et non la copie de l'autre.[102] »

Nous le voyons, rien à voir avec la lettre morte. Ces paroles vivent, interprétées.

Dans le Nouveau Testament, la Pentecôte est ce moment Ac 2 où, pour les apôtres, tout ce que le Premier Testament avait établi et tout ce que le Christ avait dit, promis et fait, tout cela devient limpide et vraiment vivant. Ils en sont réconciliés avec eux-mêmes et entrent dans une grande liberté. Ils se sentent jusque dans l'invisible en la Présence qui donne de ne plus jamais se sentir perdu ou lâché. Le vivre ensemble quotidien en est modifié. Pour rendre compte de cette expérience, ils se disent en présence de l'Esprit de Dieu, animés par lui. C'est à cette libération que je voudrais ici être attentive. Je voudrais en lire quelques aspects dans notre existence.

---

102. Daniel Sibony : *Lectures bibliques,* Paris, Odile Jacob, 2006, p. 168-9.

Le travail de l'Esprit :
incarnation, confiance, liberté.

Souffle, vent, respiration, feu : les métaphores des auteurs bibliques, lorsqu'ils évoquent l'Esprit, recourent à des éléments éminemment mobiles. Car la vie est mouvement, alors que la mort fige. Or, quand nous parlons de l'Esprit, c'est bien, en Dieu, de la puissance de vie qu'il s'agit, dont le mouvement est un aspect.

Ce n'est pas le mouvement pour le mouvement, ce qui serait l'hyperactivité liée au mal être ; ce n'est pas le départ pour le départ, ce qui est le propre de la fugue, en laquelle l'enfermement persiste, la dépendance aliénée demeure. Le mouvement en Dieu est pour une rencontre, une vie relationnelle.

Par lui, nous sommes nous-mêmes libérés des enfermements stériles. Je voudrais lire quelques moments, dans notre quotidien, de ce travail de libération. Il me semble important de préciser tout de suite que le don de l'Esprit n'est pas réservé aux chrétiens. Nous le savons bien, on n'enferme pas le vent, l'Esprit souffle où il veut Jn 3, 8.

*

L'Esprit, toujours, préside à l'incarnation

En l'Esprit, Dieu sort de lui-même et se donne de commencer. Et c'est l'incarnation. Nous disons dans notre Credo : « Par l'Esprit saint, il a pris chair de la Vierge Marie, et s'est fait homme. » Autrefois, selon l'expression du poète Dadelsen, qui, tout révolté qu'il fût, s'en émerveillait, « on mettait genou en terre »[103] au moment de cette profession de foi. Certains aujourd'hui encore s'inclinent alors.

---

103. Jean-Paul de Dadelsen : *Jonas*, Paris, Gallimard, 2005, p. 98. L'expression est au présent dans le texte du poète.

Dieu accepte d'apprendre. Il apprend en la personne du Fils qui découvre la filiation et la condition humaine. Il apprend en la personne du Père qui découvre la paternité.

À nous aussi, l'Esprit nous donne la force de commencer, d'apprendre, voire de recommencer, comme Noé dans le déluge, et de durer. C'est dans l'Esprit que nous trouvons le courage de partir et de mourir sans amertume. Il nous affranchit de la nostalgie. Lors d'un entretien qu'il eut avec moi à Paris[104], le poète Pierre Emmanuel me rendit attentive à cela. Il distinguait le «retour en arrière, mortifère» et le «retour en avant», de l'ordre de la vie, qu'il choisissait résolument. Je crois que c'est encore l'Esprit qui nous donne d'endurer le départ et la mort de l'autre, du bien-aimé, et de demeurer dans sa joie malgré tout, ce qui s'apprend, comme en témoigne dans la Bible l'histoire d'Elie et Elisée.

Par les commencements, nous entrons dans un processus historique. Il y a toute l'audace du corps accueilli sans sarcasmes ni pruderie, ce qui relèverait du malaise devant lui. Car, charnel, le Dieu biblique nous introduit dans une histoire charnelle. Athées et chrétiens, nous avons du mal avec cela. Le signe en est que nous n'entendons pas. Beaucoup ignorent en effet cet engagement de Dieu dans les Écritures. Souvent nous ne voulons pas ou ne pouvons pas lire ce qui est écrit là. J'ai vu les yeux d'amis agnostiques s'écarquiller devant certains récits bibliques que je leur donnais. J'ai entendu cette femme chrétienne massacrer Ezéchiel 16 lors de sa lecture liturgique et en omettre involontairement une phrase insupportable pour elle.

L'incarnation, c'est aussi le processus du vieillissement. Un jour, nous ne serons plus désirables physiquement. Comment le vivre sans désespoir, s'il n'y avait le don de l'Esprit? Car le vieillissement requiert plus que jamais de s'aimer: ne peuvent vieillir en beauté que ceux qui s'aiment profondément, non seulement sans orgueil, mais avec une grande humilité. Or c'est l'Esprit qui donne de s'aimer. Pour cela, pas question de se consoler de peu. Pas question de parler de beauté intérieure en compensation. En effet, l'Esprit ne se contente pas d'arguments faciles. Il n'élude

---

104. Le 17 février 1983. Pierre Emmanuel était alors déjà très malade, mais je ne le savais pas. Il parlait donc «en situation».

pas la douleur des prises de conscience, il conduit à travers elles vers une beauté autre, peut-être encore plus émouvante parce que libérée de la perfection. Car si la puissance advient, comme le dit la psychanalyste Marie Balmary, « là où la puissance a été délivrée de la toute-puissance »[105], peut-être la grande beauté advient-elle d'avoir été libéré(e) de la perfection et, ajouterais-je, visité(e) par ce que Maurice Bellet appelle « l'étrange douceur »[106].

L'Esprit ouvre à la confiance

L'Esprit invite aux interprétations favorables Rm 8, 15. Oui, de Dieu que nul n'a jamais vu, le Christ me dit que je puis parler comme à un père. Or, la voix de Jésus sonne juste. Je puis m'y fier. M'appuyant sur cela, je peux donc appeler la force de vie et de tendresse de toujours à toujours : « Abba », mot qui exprime toute l'affection de notre « Papa » et tout le respect de notre « Père » en français.

Oui, si je suis là, c'est que j'ai été voulu(e) de cette puissance de vie, dès avant ma conception, donc d'une certaine façon dès avant la fondation du monde Ep 1, 4. Et si Dieu est Dieu, il est amour, et donc il passe tout son temps à m'aimer ! Oui, je suis unique et j'ai donc une œuvre unique à apporter au monde.

Oui, je puis me risquer avec autrui. L'autre veut honorer une confiance ; il le peut.

Phase d'euphorie ? Episode maniaque ? Mégalomanie ? Non, c'est l'élan retrouvé, par de là l'expérience de la haine de soi et de la vie. C'est le courage de l'acte de foi par de là l'autodénigrement et le soupçon. Ce ne fut pas sans mal. Il fallut retrouver le regard implacable, certes, mais aussi bienveillant, sur soi et sur sa vie.

L'Esprit mène au désert

La Bible appelle ce travail de relecture une « entrée au désert ». Le désert alors, c'est peut-être la découverte de magnifiques paysages en soi, pas forcément arides, mais c'est surtout une confrontation redoutable avec soi-même, la rencontre de ses fragilités, l'obstination à durer en longeant la part de folie en soi, la prise en compte des apories. De ce fait, les Écritures laissent entendre que seul

---

105. Marie Balmary : *Le moine et la psychanalyste*, Paris, Albin Michel, 2005, p. 188.
106. Maurice Bellet : *La quatrième hypothèse*, Paris, Desclée De Brouwer, 2001, p. 47.

l'Esprit conduit au désert : « Aussitôt après (son baptême) l'Esprit le (Jésus) pousse au désert » Mc 1, 12 Et le psychanalyste Eugen Drewermann d'interpréter[107] : Nous ne pouvons pas forcer quelqu'un à faire retour sur soi, nous ne pouvons pas le décider pour lui. C'est donné et c'est donné par l'Esprit.

Aussi âpre soit-elle, l'expérience, sous forme de cheminement spirituel ou de temps d'analyse, a quelque chose de libérateur et vous en sortez avec une véritable moisson. Se joue au désert le face-à-face avec son passé. C'est encore l'Esprit qui donne le courage de se ressouvenir de ce que l'on a fait. Alors, il s'avère, parce que nous rentrons en nous-mêmes selon l'expression biblique, que nous pouvons encore agir sur ce passé. Nous ne lui sommes plus livrés. S'opère une rédemption à laquelle nous avons nous-mêmes collaboré par le courage du regard. La faute ne fait plus corps avec nous, l'échec est transcendé, la culpabilité ne peut plus nous garder en elle. Quant aux dégâts que nous avons subis, victimes, l'Esprit nous aide à en mesurer l'ampleur. Certains sont et resteront irréparables. En même temps, nous découvrirons que la vie, là, n'a pas encore dit son dernier mot. Nous revenons sur ce qui fut et nous lui donnons un sens, devenant auteur de notre existence malgré tout. C'est enfin l'Esprit qui permet de constater sans amertume que l'on n'ira pas plus loin dans ce que l'on voulait faire et être, que l'œuvre demeurera inachevée. Vient une heure où nous parvenons à faire de cela simplement un « état des recherches », ce qui n'a rien de déshonorant.

Les prisons n'enferment plus

Par l'Esprit, voici que nos enfermements cèdent. Les apôtres quittent le Cénacle et parcourent le monde, nous sortons de nos peurs. Les lectures obsessionnelles des Écritures mais aussi de la loi ou encore de notre existence laissent progressivement place à l'interprétation. Celle-ci toujours respecte la lettre à la fois dans sa stabilité et son flamboiement quand elle accueille la présence du Vivant, lui conférant un rayonnement qui, comme la nuée de l'Exode, met en marche vers un avenir, là où il semblait ne plus y en avoir. Nos comportements s'assouplissent sans que pour

---

107. Eugen Drewermann : *Das Markusevangelium, erster Teil*, Olten und Freiburg im Breisgau, Walter-Verlag, 1991, p. 143-144.

autant s'altère la fidélité à soi et sans que pâlisse ce qui nous était essentiel. Dans le conflit avec autrui, nous ne le craignons plus et n'avons plus le souci de ne pas perdre la face devant lui. Lâcher une position devient parfois sans problème. Nous sommes sortis de l'image que les autres ont eue ou peuvent avoir de nous. C'est peut-être déstabilisant pour eux, car l'autre sent, dans ce conflit, que soudain il n'a plus de prise sur nous. Mais nous voici libres sans avoir blessé. La douleur morale ne peut plus nous murer. Pourquoi ? D'une part, parce que l'Esprit nous suggère de nous mettre en route vers celui qui sera passeur dans notre existence. Les juifs disent que celui qui a mal a le devoir d'aller chez le maître[108]. D'autre part, parce que l'Esprit, là encore par le pouvoir d'interprétation, libère. « La douleur, vous ne devez pas seulement la porter, mais la déchiffrer, me disait encore Pierre Emmanuel[109], sinon elle vous écrasera. » Enfin, c'est l'Esprit qui un jour soutient votre résolution d'en finir avec la plainte et votre décision d'oser vous percevoir heureux, en bonne santé jusque dans la maladie, fort dans votre faiblesse, riche dans votre pauvreté. Et ce n'est pas de l'autosuggestion ! Il est vrai que tout ceci n'advient pas en une fois et une fois pour toutes. Une vie nous est nécessaire pour entrer dans une telle liberté. Mais l'Esprit nous aide à trouver le chemin entre tout et rien, ce qui encourage l'expérience de la retraite au désert quand même.

Les gardiens du seuil ne nous feront plus peur

Toute entrée dans une situation nouvelle, même de bonheur, est rencontre avec les gardiens du seuil. Les temples, les églises et les palais le manifestent par des statues et des gargouilles redoutables montant la garde. Vous vous réjouissez d'entrer dans vos vacances, vous avez couru contre la montre pour terminer tout votre travail dans les temps, vous vous êtes extrait du quotidien et vous voici enfin libre. Les premières secondes effectivement sont délicieuses. Or bientôt vous êtes pris d'un vague à l'âme inexplicable ou assailli par des soucis idiots mais tenaces ou travaillé par des inquiétudes fondées soudain insurmontables. Nous faisons également cette

---

108. Emmanuel Lévinas : *Du sacré au saint,* Paris, Les éditions de minuit, 1977, p. 114 : « Ne pas aller chez le maître est une faute irréversible. »
109. Entretien du 17 février 1983 à Paris, rue de Varenne.

expérience dans l'entrée en prière silencieuse. Plus généralement, chaque changement de situation, chaque déménagement, et chaque passage d'un âge à l'autre comporte ces mêmes difficultés. Des appréhensions, voire des terreurs et des répulsions, nous compliquent l'existence, tant que nous ne sommes pas entrés pleinement dans la réalité neuve. C'est structurel. Ce sont les gardiens du seuil. Par delà, il y aura la paix.

Eluder la confrontation, c'est « rater la marche », en conséquence de quoi nous vivrons mal ce qui suivra. Etre attentif à ces gardiens, qui doivent bien avoir leur raison d'être, écouter ce qu'ils disent, leur reconnaître leur place sans rien leur concéder de notre liberté, c'est s'ouvrir le temps à venir. Tel est encore le travail de l'Esprit, qui est force morale. Pas à pas, nous entrons dans son monde, le monde de la confiance. Se met en place une dynamique heureuse.

*

Dire que l'Esprit inlassablement initie les commencements, assouplit les obsessions, dissout les prisons et rend les gardiens du seuil inoffensifs, c'est le poser en force de résurrection. Telle est bien la lecture que fait Jean Grosjean du matin de Pâques. Avec un humour qui ne fait que souligner la gravité de l'acte de foi, il évoque ainsi le soir de la Passion : « Dieu pensif devant les dégâts, outré même par l'éclatement de son œuvre qui s'éparpille en astres et par la désintégration humaine qui s'éparpille en soucis ou en distractions. Il a envoyé le Fils rallumer les lampadaires, redresser les grabataires, incarcérer les cyclones, mais les sociétés ont eu raison de lui. L'avocat des impotents a été condamné. À la neuvième heure le Fils a été aboli. » Et le poète de poursuivre : « Puisque Dieu fait défaut et que le Fils est mort, le Souffle doit s'atteler à la brouette. Lui en qui se réfugient tout ce que Dieu a de secret et tout ce que le Fils a eu de public, le voilà chargé de traverser la nuit du monde et le jour du sabbat. Il ne va pas s'agenouiller devant le sépulcre ni se complaire au fond du nadir. »[110] De fait, Paul affirme que Dieu a relevé Jésus d'entre les morts par son Esprit[111].

---

110. Jean Grosjean : *Les vasistas,* Paris, Gallimard, 2000, p. 128.
111. Rm 8, 11 : « Celui qui a ressuscité le Christ Jésus d'entre les morts donnera aussi la vie à vos corps mortels par son Esprit qui habite en vous. »

L'Esprit est vraiment celui qui ne se résigne jamais. Jusque dans l'invivable, il cherche comment faire pour que l'humain l'emporte malgré tout et ceci dans une joie divine. À ce titre, tout en douceur, l'Esprit est subversif. Dieu est le Révolté par excellence.

Une figure de liberté :
le pharisien Nicodème

Tout au long des siècles, les moqueurs n'ont pas manqué à l'égard de Nicodème. Il était venu de nuit à Jésus, donc il était couard. Le terme « nicodémiste » a de ce fait désigné les traîtres dans certaines confessions religieuses. Sa question à Jésus sur la nouvelle naissance à l'âge adulte aurait été niaise. Alors le beau nom de Nicodème, « peuple de la victoire », est devenu en français par antonomase un synonyme de « nigaud ». Il y a eu là diffamation.

Je voudrais ici approcher le sage Nicodème. Je voudrais regarder l'homme de l'institution qui, s'étant laissé saisir par l'Esprit, est entré dans une liberté dont on ne se doutait pas qu'il fût capable.

*

L'homme de majesté

J'ai toujours aimé Nicodème et je suis heureuse que Jean, que l'on dit parfois antisémite oubliant qu'il est lui-même juif et appelle « Juifs » non pas tous les juifs mais les autorités politiques et religieuses du peuple juif, nous ait donné cette figure de lumière. Je retrouve en elle, en plein Nouveau Testament, tous mes amis juifs, en particulier rabbins. De fait Nicodème est pharisien, un pharisien notoire, et les rabbins sont dans l'Histoire fils de pharisiens.

Alors, Nicodème, je l'ai longtemps imaginé tel que mes élèves se représentaient les rabbins. Quel étonnement, lors de la venue de l'un d'eux dans l'une de mes classes : sa barbe était noire ! Pour mes adolescents, l'Ancien Testament en personne devait porter barbe blanche.

Nicodème est un homme d'étude ; il pratique là le devoir premier de tout juif, à plus forte raison de tout pharisien, d'autant plus qu'il est un « Maître », chargé d'instruire. Il scrute donc les textes jour et nuit. Il fait ce que l'apôtre Pierre nous dit de faire, en particulier dans la difficulté : il médite la parole des Écritures « jusqu'à ce que le jour commence à poindre et que l'astre du matin se lève dans son cœur » 2 P 1, 19 Cette étude, en bon juif Nicodème ne peut la mener seul. Elle requiert l'autre, dans un jeu de question-réponse, chaque question amenant d'autres questions. Cet autre, un soir, c'est Jésus Jn 3, 1-10. La démarche de Nicodème nous donne à comprendre que c'est un chercheur bien au fait de la vie intellectuelle de son pays, très informé et ceci de première main, compétent, travailleur. À peine le jeune rabbi Jésus a-t-il commencé sa vie publique que déjà le Maître Nicodème le sait et vient prendre connaissance par lui-même du contenu de son enseignement ; l'entretien prend la forme classique des débats de yéchiva, les écoles talmudiques pour les étudiants de la Thora. Il a de l'allure, notre Nicodème ! De fait, les premiers mots qui le mettent en scène, avec présentatif marqué et apposition, ont quelque chose de majestueux : « Il y avait un homme, parmi les pharisiens, du nom de Nicodème, une autorité chez les Juifs. »[112]

Emberlificoté dans les conventions sociales mais ouvert

Il est cependant bien emberlificoté dans les titres. C'est pourquoi il en donne beaucoup à Jésus qui n'en a cure. Le Maître Nicodème est pris dans ses projets de carrière, au point d'être venu de nuit auprès du jeune rival, sans doute plus poussé par l'insomnie que par la quête de savoir authentique. Or le Christ lui apprend la liberté d'un savoir neuf, encore fidèle à sa saveur première, un savoir pour la vie qui vous libère de toute ambition carriériste et du regard d'autrui, un savoir relevant de l'être et non de l'avoir accumulé. Jésus lui parle de naissance.

Or Nicodème se laisse emmener sur ce terrain. Et... Nicodème advient. Cela a lieu bien tard, semble-t-il, quand Nicodème est déjà un homme mûr. Mais peut-être bien qu'il est dans les temps. La crise du milieu de la vie bien traversée est effectivement le moment de la vraie naissance à soi. Nos amis juifs ne disent-ils pas que l'on est à quarante ans un débutant, ayant le droit pour la première fois d'accéder à la lecture de la Kabbale, accompagné d'un maître

---

112. Jn 3, 1, trad. Sœur Jeanne d'Arc.

toutefois ? Ne disent-ils pas qu'il faut les quarante ans de traversée du désert pour entrer dans la sagesse qui, enfin, permet d'entendre les paroles des aînés en plénitude et de devenir, à la cinquantaine, un homme/une femme de conseil ? Oui, je crois que Nicodème est dans les temps !

Osant toutes les questions

En lieu d'étude juif, le maître ne fixe pas de programme ; c'est l'élève ou l'étudiant (et l'on est étudiant à vie) qui, par ses questions, suscite l'enseignement. À une question faible sera donnée une réponse limitée ; à une question sagace sera donnée une réponse plus ample et plus profonde ; à l'obstiné dans son questionnement sera donné un enseignement plus nourrissant. Nicodème risque toutes les questions. Il ose l'interrogation tout à fait triviale, frôlant le ridicule : « Comment un homme peut-il être engendré, étant âgé ? Peut-il, dans le ventre de sa mère, entrer une seconde fois, et être engendré ? » Jn 3, 4. Mais la question est pertinente. Elle conduit Jésus à livrer l'essentiel de son message, la pâque de la nouvelle naissance par l'Esprit. Si le Christ ouvre à Nicodème le cœur de son enseignement, c'est que Nicodème a touché juste. Peu importent les rieurs. Nicodème, lui, va son chemin.

Celui qui va son chemin

Nous le retrouvons, entouré de sarcasmes, trois ans plus tard Jn 7, 50-52. Ce sont ses pairs qui se gaussent de lui. Mais il est leur honneur et l'honneur d'Israël dans les Évangiles. En effet, lors de la liquidation de Jésus par les instances au pouvoir, Nicodème leur rappelle à haute et intelligible voix la justice et, ce faisant, prend publiquement la défense du Christ : « Notre loi condamne-t-elle un homme sans qu'on l'entende et qu'on sache ce qu'il fait ? » Jn 7, 51. Nicodème est aussitôt rabroué. Personne ne retient le caractère objectif de sa mise en cause. Le problème est déplacé, parce que le cas est pré-jugé. L'origine de Jésus perçu comme un Galiléen devient prétexte et le reproche claque, cinglant : « Serais-tu Galiléen[113] toi aussi ? Etudie ! tu verras que de la Galilée il ne surgit pas de prophète. » Suit un verset auquel nous ne sommes généralement

---

113. Donc non – instruit, « plouc » !

pas attentifs : « Et ils s'en retournèrent chacun chez soi. » Jn 7, 53. En cet endroit du texte, le poète Jean Grosjean a poursuivi : « Nicodème ne sait quoi répondre. Il rentre chez lui réexaminer les écritures. Et il s'aperçoit qu'il s'est déjà levé des prophètes en Galilée, ne serait-ce qu'Elisée ou Jonas. »[114]

À l'ensevelissement de Jésus, Nicodème est encore là Jn 19, 39, malgré les risques politiques. Il apporte un parfum précieux pour le rite funèbre, sans lésiner sur la dépense : plus de trente kilos de myrrhe et d'aloès, une fortune. Le parfum est amour. Une immense affection s'exprime là, dans le grand silence, pour le jeune rabbi qui lui donna le goût du savoir, le goût de sa vie.

*

Avec Nicodème, j'apprends la loi de vie : naître, toujours naître. Un temps, cet homme avait été bien, dans son statut de notable. Mais ceci ne pouvait avoir qu'un temps. Il le pressentait : ce qui, avant, l'avait aidé à vivre, maintenant, l'empêchait de vivre. Il n'en dormait plus. C'était le signal de la nouvelle naissance.

Alors Nicodème a lâché ce qui ne le faisait pas vivre, le souci du prestige, et s'est risqué dans la solitude d'une vie non plus sous le regard des autres mais dans la fidélité à soi, fidélité toujours articulée aux lois de la vie et du Vivant. Nicodème est rené.

Il n'a pas été nécessaire pour cela de rayer rageusement le passé et de quitter sa fonction. Nicodème les a simplement habités autrement. Il a fait un immense voyage tout en restant sur place.

---

114. Jean Grosjean : *L'ironie christique,* p. 143.

Une figure pour la liberté : l'apôtre Paul

Ma relation avec Paul fut pendant longtemps orageuse. Il m'agaçait. Ce n'était même pas parce qu'il semble nettement régresser, par rapport au Christ, quant au statut des femmes. Non, il m'exaspérait avec ses listes de péchés, ses propos en tout ou rien et surtout ses déclarations que je dirais d'une humilité emphatique : « esclave du Christ » 1 Co 7, 22, « Moi, l'avorton » 1 Co 15, 8.

« Un fanatique ! pensais-je. C'est le même après la conversion et avant, au moment de la lapidation d'Etienne. » De fait, une conversion ne change pas notre caractère et c'est une bonne nouvelle parce que cela laisse entendre que Dieu ne nous défaits jamais. La conversion nous conduit à exercer le même caractère selon d'autres points d'appui et d'autres visées, comme un navigateur pilote avec des vents et des courants forts, éventuellement contraires, pour en tirer le meilleur.

Mais tout chrétien, je crois, un jour ou l'autre, se surprend à raisonner comme Paul sur un point ou un autre[115]. Peut-être même devient-on sensible à tel aspect attachant du personnage malgré tout. Moi, j'ai d'abord aimé chez Paul... ce qui n'était pas du Paul : les hymnes qu'il cite. Aujourd'hui pourtant, je me sens, à bien des égards,... paulinienne. Je voudrais marquer ici les points de connivence que, par delà l'agacement, j'ai pu trouver dans ma relation avec cet homme, dont la liberté surtout me fascine.

*

Premiers pas

J'ai été attentive, dans son discours, à sa façon d'articuler les prépositions. Nous avons repris ceci dans notre liturgie : « Par lui,

---

[115]. De fait, quel théologien ne publie pas aujourd'hui son « Saint Paul » ?

avec lui, en lui... ». J'ai bien compris que Paul, ce faisant, ne jouait pas mais approchait le mystère selon des angles différents, comme Moïse contournant le buisson ardent. J'ai regardé comment ces changements de préposition réorganisaient ma propre vie. Ce ne fut pas sans amener un plus dans mon existence.

Un pas plus loin, j'ai compris que Paul parle par raccourcis, ce qui entraînait chez moi malentendu sur malentendu. Je retrouvai alors des passages d'Evangile en palimpseste sous le texte paulinien pour mon plus grand bonheur. Par exemple, quelle joie de lire sous l'Epître aux Ephésiens, « C'est ainsi qu'Il nous a élus en lui, dès avant la création du monde... » Ep 1, 4, le cri tant aimé de Jésus : « Parce que tu m'as aimé dès avant la fondation du monde » Jn 17, 24 devenu nôtre !

Un jour, j'osai penser comme Paul. Son « tout concourt au bien de ceux qui aiment Dieu » Rm 8, 28 s'éclairait, notamment au contact d'Etty Hillesum montrant que nous inventons, dans l'épreuve, le Vivant et nous-mêmes, pour que, jusque dans la douleur endurée, du beau et du bon et du tout doux soient encore possibles. J'aimai aussi le « Qu'avons-nous que nous n'ayons reçu ? » 1 Co 4, 7 de Paul. Oui, il commençait à me parler.

Un art de vivre

Je me mis à souhaiter vivre comme lui, s'appliquant à se satisfaire de toute situation, de manque ou d'abondance, sans jugement de cette situation, non par indifférence, mais pour tirer de cette situation l'essentiel et en jouer comme d'un instrument de musique ; « Je sais vivre dans la gêne, je sais vivre dans l'abondance. J'ai appris, en toute circonstance et de toutes les manières, à être rassasié comme à avoir faim, à vivre dans l'abondance comme dans le besoin. » Ph 4, 12. Paul le laisse entendre par le participe passé « appris » qu'il utilise ici et qui est de l'ordre des initiations aux mystères, par la phrase qui suit également : « Je peux tout en Celui qui me rend fort », c'est une liberté obtenue autrement que par la seule volonté. Elle culmine en la paix que Paul manifeste dans l'attente du résultat de son procès, alors qu'il risque la peine de mort : « Pour moi, vivre, c'est le Christ, et mourir m'est un gain. Mais si vivre ici-bas doit me permettre un travail fécond... » Ph 1, 21-22

Le fondement de cet art de vivre n'est pas le stoïcisme, pourtant en sympathie avec cela. La sérénité de Paul vient de cette certitude, exprimée dans un texte que j'aime lire et relire et que je cite ici pour le plaisir : « Oui, j'en ai l'assurance : ni la mort ni la vie, ni les anges ni les dominations, ni le présent ni l'avenir, ni les puissances, ni les forces des hauteurs ni celles des profondeurs, ni aucune autre créature, rien ne pourra nous séparer de l'amour de Dieu manifesté en Jésus Christ notre Seigneur. » Rm 8, 38-39.

J'entends bien que ces paroles de désir sont aussi celle de l'angoisse endurée et traversée. Si Paul en est arrivé là, c'est pour avoir affronté toutes les terreurs et les haines que pouvait en lui susciter l'image de Dieu faisant écran à la relation authentique. Alors je l'écoute vraiment me dire : « Nous vous en supplions au nom du Christ, laissez-vous réconcilier avec Dieu. » 2 Co 5, 20.

Le mystique

Je me suis mise à regarder Paul. Je l'entendais souvent lancé dans des développements véhéments et compliqués. Je fus surtout sensible à son silence. Je le voyais essentiellement actif, parcourant le monde en des voyages impressionnants. Je fus plus attentive au contemplatif.

Car il y a celui qui eut une perception mystique de Dieu mais n'en dit presque rien. Je ne parle pas ici de la rencontre du chemin de Damas. De celle-ci, je retenais surtout le beau cheval peint par Le Caravage, cheval que le récit de la conversion Ac 9 ne mentionne pas. Je parle ici de ces autres expériences mystiques de Paul, ravi en extase après son adhésion au Christ 2 Co 12, 2-4. Ces expériences, les Epîtres ne les évoquent que dans une grande pudeur, à la troisième personne qui plus est.

En Paul, comme en Jean, comme en Jésus, l'action et la contemplation, loin de s'opposer l'une à l'autre, se nourrissent l'une de l'autre. Parce qu'ils sont des mystiques et des contemplatifs, ces êtres choisissent l'action. Parce qu'ils sont des mystiques et des contemplatifs, ces êtres sont charnels. Ils donnent corps à leur désir, dans l'Esprit. Paul est plus concret qu'il ne paraît. L'expression de sa foi peut passer par des signes physiques, chevelure rasée ou non. Il se passionne pour les athlètes du stade. Il parle du corps de l'Église.

L'homme audacieux

Je fus plus attentive au juif Paul : formation de pharisien chez Gamaliel Ac 22, 3, sens juste de la relation maître-disciple exercée à l'égard de Timothée ; grand respect des rites d'Israël, comme celui du naziréat[116]. J'admirai, dans ce contexte, la liberté et la santé psychique du croyant. Il met en cause la circoncision et la *cacherout* sans être ensuite rattrapé et anéanti par la culpabilité, qui si souvent nous attaque de dos ! Cette assurance tranquille m'interpelle, chez un homme par ailleurs perpétuellement travaillé par une mystérieuse « écharde » 2 Co 12, 7.

Cette même audace le pousse à se dire apôtre, au même titre que Pierre, Jacques et Jean, ceux qui furent institués dans les Évangiles, et quoi que puissent penser ceux-ci. Il s'estime « apôtre par appel » Rm 1, 1 et désormais se présente ainsi : « Paul, apôtre de Jésus-Christ par la volonté de Dieu »[117]. Ce n'est pas de la fanfaronnade. Ce qui l'atteste, plus que les nombreux passages d'humilité qui dans les Épîtres continuent de m'agacer, c'est que cet homme a construit toute sa vie là-dessus, prenant des risques perpétuels. Il est donc bien Paul, c'est-à-dire « le petit », au sens que ce mot prend dans les Évangiles, où il peut désigner l'apôtre Mc 9, 41 ; Mt 10, 42.

*

Comme Nicodème le sage, Paul l'apôtre est un homme de l'institution qui, dans l'Esprit, apprend un autre rapport à celle-ci. Les deux hommes ont cependant des cheminements différents, dans cette liberté neuve. Si Nicodème reste en place, Paul parcourt le monde et fonde la jeune Église par ouverture du mystère d'Israël aux non juifs. Il y a plusieurs façons « de faire juste » dans la mouvance de l'Esprit.

Comme Nicodème le sage, l'apôtre Paul n'est parvenu à trouver sa voie que pour avoir osé aller son chemin. L'image que les autres se faisaient de lui et de sa participation au groupe et de son engagement dans l'institution, il lui a fallu la quitter. Or cette image n'était pas seulement dans le regard des autres rencontrés,

---

116. Ac 18, 18. Le *nazir* garde ses distances avec la mort et les drogues, se consacrant au Vivant par un geste symbolique : ses cheveux ne sont pas coupés pendant toute la durée de son vœu.
117. 2 Co 1, 1 ; Eph 1, 1 ; Col 1, 1...

elle était également en soi, par introjection. Nicodème et Paul sont les compagnons de route de tous ceux qui agissent en conscience, fidèles à l'injonction de la Genèse : « Va-t-en pour toi vers le pays que je t'indiquerai. » Gn 12, 1.

L'institution n'en a pas été affaiblie. À opposer l'accomplissement de la personne et la bonne marche de l'institution, l'on ne gagne rien. Nicodème, élevant ses objections devant le tribunal, a été et reste l'honneur d'Israël et Paul, en vivant une fidélité inventive, a été un vrai disciple de Gamaliel malgré tout.

L'attention à l'invisible, mais d'abord au visible !

L'Esprit est confiance et par elle s'ouvrent les portes du Royaume. Celui-ci n'est pas seulement pour plus tard, dans l'au-delà. Le Royaume n'est pas une utopie : il commence ici – même, au secret de nos fêtes et dans la discrétion de notre quotidien. Tel est l'évangile de Jésus en Marc : « Le temps est accompli, et le Règne de Dieu s'est approché » Mc 1, 15 ; il est donc là, déjà !

Le Royaume, c'est le visible soutenu par l'invisible. « Je crois dans le monde visible et invisible » disent les chrétiens dans leur Credo. Ils se risquent à croire que le visible est dès maintenant habité par l'invisible. D'où une grande attention, normalement, non seulement à l'invisible, mais aussi et tout d'abord au visible. Ceci requiert un travail du regard dont je voudrais ici dire quelques aspects.

*

Lire ce qui est là

Car c'est bien de lecture qu'il s'agit. Nous parlons, dans la vie culturelle, de « grands auteurs ». Nos amis juifs, eux, parlent de « grands lecteurs », pour désigner certains, qui furent auteurs certes – comme Martin Buber ou Gershom Scholem –, mais qui furent d'abord des lecteurs remarquables de leur tradition. Il importe de même pour nous de devenir de grands lecteurs. Lecteurs de quoi ? Lecteurs des Écritures, de la vie, de notre existence personnelle.

Lire, c'est d'abord voir ce qui est écrit. Pas facile. Dans ma pratique d'enseignante, je rencontre beaucoup d'élèves qui lisent des mots pour d'autres mots, sans s'en rendre compte, ce qui constitue un autre texte que celui qui leur est donné. Dans la vie quotidienne, je constate que beaucoup de personnes ne voient pas. Pour bon nombre d'entre elles, le visible est invisible. Or, dans son ouvrage intitulé *Le Maître des signes,* Jean-Pierre Manigne[118] est très sensible à cet aspect de l'enseignement de Jésus : il nous invite à regarder et à voir et à croire en ce que nous voyons. Ce n'est pas naïf, ou plutôt c'est ce que Maurice Bellet appelle la « royale naïveté »[119], qui est confiance en soi et en l'autre, retrouvée neuve et obstinée par delà bien des déceptions, au prix sans doute d'un grand travail sur soi, sur son regard.

Lire, c'est aussi être attentif aux anomalies d'un texte, ce qui permet de s'étonner et peut-être de s'émerveiller. Puissions-nous aiguiser en nous l'attention et, ce faisant, quitter le monde des stéréotypes, c'est-à-dire des idoles. Car celles-ci, avertissent les Écritures Ps 115 (113 B), ne voient pas, ne sentent pas, n'entendent pas et se rendent semblable qui les fréquente : aveugle, anosmique, sourd. Le monde de l'Esprit est vision et écoute, toucher, saveur, sensibilité aux senteurs. Il est regard jusqu'en la cécité, audition jusqu'en la surdité. Homère aveugle voit ; Beethoven sourd compose la Cinquième Symphonie. Cette acuité des sens s'accompagne de prises de conscience fortes liées à une sensibilité du psychisme plus fine et à l'éveil de l'intelligence empathique. En résulte, il est vrai, à certains égards une douleur accrue, car vous percevez très fort non seulement la grâce et la douceur, mais aussi la laideur et la brutalité.

Trouver le moment favorable et le témoin adéquat

Il s'agit de trouver le moment favorable de cette lecture savoureuse. La prière du soir en est l'heure privilégiée. Nous moissonnons, nous lions la gerbe, nous engrangeons. En effet, nous revoyons les heures écoulées, dans un travail de reprise volontaire. Nous laissons aussi revenir librement à la mémoire ce qui maintenant revient et s'impose avec évidence ou se dégage lentement, très lentement. Nous recevons à nouveau tout cela. C'est souvent la découverte de cadeaux fabuleux sur le moment passés inaperçus. La prière, c'est réaliser au sens anglais du terme : « se rendre compte ». Parfois, c'est si émouvant que cela devient presque douloureux. Alors, devant Dieu et avec lui, doucement nous apprenons à vivre cette émotion dans la paix et à la faire nôtre. Quant à ce qui a semé la discorde,

---

118. Jean-Pierre Manigne : *Le Maître des signes,* Paris, Cerf, 1987.
119. Maurice Bellet : *Sur l'autre rive,* Paris, Desclée De Brouwer, 1994, p. 47.

nous décidons de ne pas lui donner la même autorité que de qui fut bienfaisant. Nous ne sommes pas obligés d'en devenir le jouet. Et voici que demain se prépare déjà : le regard sera encore plus attentif, grâce à cette meilleure compréhension de ce qui nous est arrivé.

La relecture me paraît aussi à faire avec un témoin humain. Quand nous allons mal, nous pensons à aller chez un « psy » ou un « spi » et c'est effectivement la bonne démarche. Nous nous arrêtons généralement quand nous nous sentons à nouveau d'aplomb. Or je crois que ceux qui continuent de rencontrer un « spi » régulièrement, si possible une fois par semaine, quand ils se sentent heureux, pour nommer ce qui va bien, donnent plus de saveur à leur existence, peut-être même plus de vigueur aussi.

Recevoir les fruits de la lecture

Le monde livre alors ses mystères. Parce que nous ne projetons plus nos angoisses sur lui, parce que nous ne demandons plus perpétuellement des preuves de son amour, le voici libre de nous apporter ce qu'il peut nous donner, ou plutôt nous voici libres pour voir et prendre ce qu'il peut nous donner. Maintenant que nous ne demandons plus les signes de reconnaissance, ils viennent en force. Le temps, qui prenait, restitue comme les vagues de la mer rapportent vers la plage ce qui s'en éloignait. Qui de nous ne découvre pas dans le long terme ses projets anéantis réalisés, sous une autre forme, certes, tout à fait inattendue, mais accomplie ?

À nous alors d'oser prendre tout cela et de le garder en mémoire, bien vivant, pour les temps d'épreuve. Se met en place dans notre psychisme un autre système de causalité qui n'abolit pas les systèmes précédents, tout à fait rationnels, mais qui leur ajoute encore une autre dimension : parce que le temps s'est ouvert, la cause peut être après sa conséquence. Ainsi, Joseph, dans les Écritures Gn 45, 5-8, relit son parcours existentiel accidenté comme ce qui préparait un bonheur pour tous, lui inclus, voulu dès les origines. Est donnée à Joseph l'audace du sens, qu'il fera advenir s'il n'est pas encore.

Le prophète est celui qui ainsi voit la beauté secrète là où tout est encore en chantier. Nous l'imaginons souvent voyant l'avenir. Il verrait donc ce qui n'est pas encore, l'invisible. Pourquoi pas ? Mais c'est surtout que le futur est en germe dans le présent. Le prophète est surtout celui qui, alors que les autres y sont encore indifférents, voit dans le présent ce qui est déjà ou toujours là, porteur d'espérance, promesse heureuse. Là où un confrère ne voit plus qu'un cerveau devenu comme du gruyère en raison de la sénilité, cet autre médecin, équipé du même savoir, voit une dame âgée étonnamment digne et attirante jusque dans ses délires. Or voici qu'adviennent en sa présence des moments où elle parle posément, rationnellement, ouvrant un chemin de sagesse. D'avoir vu la gloire de cette femme abîmée lui donnera à lui-même d'aller vers la fin sans désespérer et donc d'être beau jusqu'en cette fin.

Comme l'arche d'un pont, rejoindre autrui

Le regard et l'écoute attentifs nous permettent un mode relationnel tout en finesse à l'égard d'autrui, fait à la fois d'empathie et de distance. Il y a dans nos Écritures ce « J'ai vu, j'ai vu... j'ai entendu... je connais ses angoisses... » suivi de la conséquence : « je suis descendu... » Ex 3, 7-8. Et il y a l'Incarnation. Il nous incombe donc, à notre tour, de venir à autrui gracieusement comme l'arche d'un pont, pas forcément pour agir pour lui, et surtout pas pour se mettre à sa place sinon il n'en a plus, mais simplement pour exercer notre solidarité d'enfants des hommes, pour manifester le sourire de la vie et témoigner, par délégation de la part du Vivant, le pouvoir de bienveillance. Dans la conversation, un tel parle d'un examen médical à telle date dans quelques semaines ; la veille, un coup de fil permet de lui dire « Je pense à toi ». Un autre vit l'anniversaire d'un deuil ; une carte vient ce jour-là dans sa solitude. Vous reviennent de façon impromptue à la mémoire un beau geste, une attitude humaine, une parole forte de la part d'une personne, il y a quelques années déjà ; vous lui écrivez brièvement, disant l'impact de ce moment d'autrefois aujourd'hui encore. C'est tout simple, deux enfants des hommes se saluent de loin. La condition humaine, aussi dure soit-elle, est quand même un peu autre !

L'engagement chrétien dans la cité, nous le pressentons, c'est aussi cela : faire que pour notre voisin, pour le commerçant, pour le conducteur de bus, croiser un chrétien ce soit une oasis dans la journée faite par ailleurs de beaucoup de petites agressions. L'Evangile parle ainsi de donner à boire. Je pense à cette femme de cinquante ans qui avait écrit à ses médecins – il commençait à y en avoir quelques uns ! – pour les remercier des soins reçus jusqu'à ce jour. Quel bonheur chez ces praticiens, si souvent attaqués ! Je pense encore à cette autre chrétienne qui joint à tout papier administratif impersonnel (sécurité sociale, impôts, assurance) un mot bref de remerciement pour le travail fait en retrait. « Car l'amour a fait les premiers pas », chantons-nous. Pour nos contemporains, c'est surprenant, un peu comme si un personnage bénéfique était sorti d'un conte pour venir à eux.

Exercer « le pouvoir de bénir »

Choisir le monde de l'Esprit, le Royaume, c'est se déterminer à exercer le pouvoir de façon à qu'il fasse vivre. Or beaucoup de choses, ici encore, se jouent dans le regard et la parole. Il s'agit effectivement de poser sur l'autre un regard et une parole qui disent, d'une façon ou d'une autre : « C'est bien qu'il y ait toi ! » Cela s'appelle la bénédiction[120], dont le psychanalyste Daniel Sibony fait remarquer : « Elle n'est pas affaire de religion. »[121]

C'est un pouvoir. « Bénir, c'est en somme appeler les virtualités positives recélées dans l'objet de la bénédiction à se réaliser. Lorsque les patriarches bénissent leurs enfants, c'est cet épanouissement qu'ils vivent » écrit David Saada[122]. De fait, dans la Genèse Gn 1, Dieu ne se contente pas d'appeler du néant à l'existence. Il dit sur chaque réalité nouvelle : « Oh ! le bien ! ». Ainsi, l'étoile, l'arbre, le chat « savent » qu'ils ne sont pas passagers clandestins sur terre. Ils sont vraiment voulus. Nous aussi, les humains, car Dieu dit que c'est « très bon » qu'il y ait nous.

Le pouvoir de bénir, chacun peut l'exercer, quel que soit son âge, qu'il ait du travail ou non, qu'il soit en bonne santé ou non, qu'il soit heureux ou non, mais à trois conditions cependant. Le psychanalyste Daniel Sibony énonce la première : « Il faudrait qu'il soit lui-même « béni », sans qu'il le sache peut-être, de grâce, mais que ça se sente, quand même... »[123] Or une bénédiction peut être cherchée, demandée, et ceci éventuellement avec obstination. La deuxième condition me paraît être l'absence de condescendance. La troisième est qu'il n'y ait aucune arrière pensée à cette parole

---

120. Telle est effectivement l'étymologie du mot.
121. Daniel Sibony : *Du vécu et de l'invivable,* Paris, Albin Michel, 1991, p. 61.
122. David Saada : *Le pouvoir de bénir,* Paris, Bibliophane, 2006, p. 20.
123. Daniel Sibony : *Du vécu et de l'invivable,* p. 61.

que peut-être un geste accompagne. Bénir, c'est l'émerveillement devant la présence de l'autre et des souhaits de vie plein le cœur à son égard. Et c'est un vrai bonheur !

Oui, c'est du bonheur pur que de dire à un collègue ou un subordonné de retour après une absence : « Vous avez manqué pour de vrai ! », de souffler à une amie fêtant son anniversaire : « Pour moi, c'est beau que tu aies été un jour conçue ! », de murmurer encore et encore à l'aimé : « Bonheur parce qu'il y a toi ! »

J'ai découvert la bénédiction en mon père de par la sève de l'âme, le père-prêtre. Il m'en a fait découvrir le sens, l'anthropologie sous-jacente, les gestes, les paroles, la beauté. Il m'expliquait ainsi que la bénédiction rituelle des enfants dans les familles juives tous les soirs de *shabbat* permettait aux parents, qui parfois avaient vraiment été contraints tout au long de la semaine écoulée de ne faire que reproche sur reproche aux gamins, ce qui leur était quand même rentré dans l'âme sous forme d'amertume, de prononcer enfin une parole positive, disant juste le bien pour le bien : « Je suis heureux qu'il y ait toi et c'est ce qui l'emporte. »

Ayant compris cela, je l'appliquai à ma pédagogie. Je suis très distante avec mes élèves. Mais une fois par an, j'appelle chacun en fin de cours à mon bureau en fin d'heure, tandis que les autres quittent la classe, et je lui dis simplement, de façon tout à fait personnelle, ma joie de l'avoir pour élève ou ce qu'il y a de beau en lui et qui m'impressionne. C'est toujours un moment magnifique. L'adolescent relève la tête ; sous vos yeux, il prend quelques centimètres ; son regard se creuse ; sourd une émotion contenue mêlée de fierté. Au cours suivant, ni lui ni moi ne laissons rien transparaître. Mais l'élève travaille autrement. Jamais aucun ne s'est pour autant « reposé sur ses lauriers », jamais.

*

Le visible peut être tout à fait invisible. Reprenant un passage de Newman : « Selon toute probabilité, un méchant homme, transporté au Ciel, ne saurait pas qu'il est au Ciel », Jean-Pierre Jossua écrit à ce sujet dans ses *Carnets du veilleur* que « c'est être tellement étranger que l'on ne peut rien voir alors même que l'on se trouve là où « la splendeur éclate » »[124]. Le travail premier, avec l'Esprit et par l'Esprit, qui toujours préside à l'incarnation, est prise de conscience. Il y a devant moi cette beauté, tangible. Il y a aussi la joie ou la souffrance de l'autre et il importe que je m'en rende compte, que je vienne à lui, avec la grâce qui trouve la juste distance, pour reconnaître cela et le célébrer ou y compatir.

Nous pouvons travailler notre regard, pour le faire accueillant au visible, dans le refus de juger, et à l'invisible, dans l'absence de préjugé. La Bible appelle cela le regard pur. Il procède d'un cœur simple, ne faisant pas de procès d'intention : « Heureux les cœurs purs : ils verront Dieu »[125], disait Jésus.

---

124. Jean-Pierre Jossua : *Carnets du veilleur,* Paris-Orbey, 2006, p. 98.
125. Mt 5, 8. La formule subvertit la pensée habituelle dans les Écritures, selon laquelle Dieu ne peut être vu que dans la mort.

Une autre perception du réel

C'est assez énigmatique et c'est passionnant! Souvent, en regardant les mœurs de mes amis chrétiens d'aujourd'hui, j'ai le sentiment d'une altérité radicale, alors même qu'ils sont tout à fait comme les autres et vivent dans le même monde qu'eux. Tout est identique et cependant complètement changé. C'est mystérieux et pourtant public, évident. Il y a là tout le secret de l'invisible, paradoxalement exposé à la vue de tous.

Tout repose, semble-t-il, sur, instituée par les Écritures, une autre relation au réel, ce qui a des conséquences dans la façon de vivre. Pour, moi-même, mieux comprendre, pour l'encouragement et pour la joie du trésor, je voudrais ici, non pas discuter de ce qu'est ou n'est pas le réel, mais reprendre quelques aspects de cette autre compréhension de soi, de la vie et du monde.

*

Une vieille histoire

Je lis dans la Lettre à Diognète[126] : « Car les Chrétiens ne se distinguent des autres hommes ni par le pays, ni par le langage, ni par les vêtements. Ils n'habitent pas de villes qui leur soient propres, ils ne se servent pas de quelque dialecte extraordinaire, leur genre de vie n'a rien de singulier. (...) Ils se répartissent dans les cités grecques et barbares suivant le lot échu à chacun ; ils se conforment aux usages locaux pour les vêtements, la nourriture et la manière de vivre, tout en manifestant les lois extraordinaires et vraiment paradoxales de leur république spirituelle. ». Oui, c'est bien de quelque chose de cet ordre qu'il s'agit ! Cela touche tous

---

126. Lettre à Diognète, trad. Henri-Irénée Marrou, coll. Sources chrétiennes, Paris, Cerf, 1951, p. 63. Il s'agit d'un document chrétien du II e s., au plus tard du début du III e s., originaire d'Alexandrie, conservé autrefois à la bibliothèque de Strasbourg, jusqu'à sa destruction pendant la guerre de 1970. Heureusement, copie avait été faite du texte !

les domaines de l'existence : l'être, l'avoir, le connaître et le faire. En résulte, me semble-t-il, une singulière liberté.

Une perception de l'existence unifiée

Nous avons appris à séparer le religieux et le profane. Cela est bon. Mais par delà la distinction, et en maintenant celle-ci, l'unité redevient possible. Comme le narthex des églises, le profane désigne, étymologiquement, dans la symbolique antique, l'espace faisant déjà partie du sanctuaire, menant à lui. Le profane ne s'oppose donc pas au saint. Il y conduit. Il en est la première étape, initiatique. Inversement le saint y reconduit.

Le prophète Michée est clair à ce sujet. Bien vivre l'humain, voilà l'office divin : « On t'a fait savoir, homme, ce qui est bien, ce que Yahvé réclame de toi : rien d'autre que d'accomplir la justice, d'aimer avec tendresse et de marcher humblement avec ton Dieu. » Mi 6, 8. L'incarnation de Dieu, en Christ, ne peut qu'encourager à s'inscrire dans sa propre culture pour l'aimer et à apprendre à découvrir les autres cultures.

Que le religieux et le profane ne soient plus opposés ne signifie pas que tout est sacré. Rien, pour le chrétien n'est sacré. Car le sacré relève de la rigidité, de l'emprise magique, archaïque, et finalement de la mort[127]. Le chrétien, en ce sens, n'est pas un religieux. Il est dans l'élan de l'Esprit. Tout pour lui n'est pas saint non plus, ce qui veut dire « autre », mais tout est à vivre avec la charge d'amour qui célèbre et sanctifie. D'où une relation au quotidien tout à fait particulière pour le chrétien, jusque dans sa relation aux repas, aux parfums, aux habits, à la sexualité, au travail, aux vacances, à l'œuvre...

Un autre clivage disparaît pour le chrétien : vie ordinaire et vie mystique. Il n'est pas question d'entrer dans l'exaltation et d'entretenir en soi une fièvre malsaine. Mais si la voie mystique est l'élan d'un amour, la part de rêve, la relation heureuse au symbolique, la fulgurance d'une compréhension intuitive, l'union par de-là la séparation reconnue et intégrée, l'émerveillement contemplatif, le secret joyeux et une malice délicieusement subversive, que sera la vie ordinaire sans cela ? Que sera une existence sans le *Magnificat* ?

---
127. Emmanuel Levinas : *Du sacré au saint,* Paris, Les Editions de Minuit, 1977, « Désacralisation et désensorcellement », p. 82-121.

J'écoute ici Michel Serres : « *Magni-ficat anima mea* : cette grandeur, à la lettre, produit, construit, fait mon âme. Toujours proportionnelle à l'exposition. Les grandes âmes s'exposent beaucoup, très peu les pusillanimes. La joie les remplit, les comble, comme peuvent les approfondir la misère et la douleur. »[128] Je voudrais pouvoir dire ceci jusque dans le terrible.

Une lucidité heureuse

Dans cette perspective, je mobiliserai toutes mes facultés de connaissance. Je ne suivrai pas seulement ma logique personnelle mais essaierai d'entendre même le silence. Je m'appliquerai à la lucidité. Ce mot dans son usage habituel dit la capacité de voir les problèmes et d'anticiper. Je garderai cette acception du terme. Cependant, je n'en oublierai pas l'étymologie, qui signifie : « voir la lumière ». L'exercice de la lucidité vous rendrait donc apte à bien voir, à la façon des disciples du Christ qui, un jour – celui que nous appelons de la Transfiguration –, le perçurent dans sa splendeur au milieu même de sa condition banale, terrestre. Je voudrais accéder à ce mode relationnel avec ceux que je côtoie volontairement ou inopinément. Je veux voir leur gloire.

La gloire. C'est un mot à redécouvrir. La psychanalyste Marie Balmary nous y rend attentifs, elle qui fait remarquer que les religieux, mais aussi Freud et ses disciples, « semblent s'être fait un même devoir de dire aux humains qu'ils exagéraient autant leurs souffrances que... leur gloire. »[129]

La gloire n'a ici rien à voir avec la vanité. Le mot[130], en hébreu, dans le Premier Testament, généralement associé à Dieu, dérive d'un verbe signifiant « être lourd, avoir du poids donc de l'importance ». D'où, pour le mot « gloire », un champ sémantique large : « opulence, richesse, splendeur, éclat, rayonnement, réputation, honneur, puissance, pouvoir ». Ce terme est repris dans le Nouveau Testament, en grec, où il se charge de connotations propres à cette langue et à son univers culturel. Alors la gloire signifie littéralement « l'apparence, le fait de donner à voir, la manifestation ». Un mot

---

128. Michel Serres : *Le Tiers-Instruit,* Paris, François Bourin, 1991, p. 59.
129. Marie Balmary : *Le moine et la psychanalyste,* Paris, Albin Michel, 2005, p. 65-67.
130. Donatien Mollat, Article « Gloire », dans le *Vocabulaire de théologie biblique,* publié sous la direction de Xavier Léon-Dufour, Paris, Cerf, 1962 ; article « Gloire », dans Bernard Gillièron : *Dictionnaire biblique,* Aubonne, Editions du Moulin, 1985.

d'enfant nous aidera à comprendre. Un garçonnet disait en effet un jour à sa petite sœur, alors que tous deux, qui devaient dormir, s'étaient relevés pieds nus pour contempler le couchant : « Tu vois, le rouge, c'est la gloire du soleil ! » Oui, le soleil lui-même était devenu invisible, mais il y avait sa gloire, le flamboiement du ciel. Dans le Nouveau Testament, la gloire reste associée à Dieu mais elle vient sur le Christ et peut venir sur nous, émaner de lui et de nous, parce que Dieu aime à se refléter sur nos visages.

La voie mystique conduit à cet étrange réalisme qui fait percevoir la secrète beauté. Cette acuité du regard a son origine en l'amour. Nous pensons parfois que l'amour aveugle. Les chrétiens, à la suite du courant personnaliste notamment[131], pensent au contraire que l'amour ouvre les yeux. Je sais que c'est de ce regard, sans complaisance ni mièvrerie, prenant bien la mesure des problèmes, que le monde a besoin. Le monde ? Oui, nos proches, nos amis, nos voisins, nos collègues, nos supérieurs, nos subordonnés, notre boulanger et la caissière, le guichetier, les passants...

Le choix d'une certaine folie

Nous sommes tous croyants, que nous croyions dans le néant ou que nous croyions en Dieu. Dire que Dieu n'existe pas et que le néant l'emporte, je ne puis le prouver. C'est un acte de foi. Dire que Dieu existe et que la vie a le dernier mot, je ne puis le prouver. C'est un acte de foi. « Je puis aussi le constater en certains moments », diront certains, dans l'un et l'autre groupe. Toujours est-il que « même le nihiliste, qui nie « tout », croit assez en lui-même pour rester à son poste et continuer à nier... tout ce qui n'est pas lui. De fait, chacun de nous a un point de croyance minimale » fait remarquer le psychanalyste Daniel Sibony[132].

Impossible d'osciller toute sa vie entre les deux assertions : « Dieu n'existe pas », « Dieu existe ». Il nous faut trancher, parce que nous avons besoin de donner un socle à notre existence, autant que faire se peut. Nous avons besoin, pour pouvoir nous engager dans ce que nous faisons et dans ce que nous sommes, de tabler sur l'une

---

131. Maurice Nédoncelle : *La réciprocité des consciences, Essai sur la nature de la personne*, Paris, Aubier, 1942.
132. Daniel Sibony : *Du vécu et de l'invivable*, Paris, Albin Michel, 1991, p. 70.

ou l'autre de ces affirmations, qui chacune a des conséquences à chaque moment de notre quotidien.

Pour les chrétiens, ce qui paraît le plus accordé au vrai et, oui ! au possible et au raisonnable, c'est le paradoxe, que dans son vocabulaire Paul appelle folie de Dieu, notamment en ce passage de l'Epître de Paul[133] : « Oui, tandis que les Juifs demandent des signes et que les Grecs sont en quête de sagesse, nous prêchons, nous, un Christ crucifié, scandale pour les Juifs et folie pour les païens, mais pour ceux qui sont appelés, Juifs comme Grecs, c'est le Christ, puissance de Dieu et sagesse de Dieu. Car ce qui est folie de Dieu est plus sage que les hommes, et ce qui est faiblesse de Dieu est plus fort que les hommes. » Paul parle ici des raisons de croire, qu'il classe en trois catégories : la sagesse du message ; les signes ; le paradoxe d'un message à la fois de folie très raisonnable et de faiblesse s'avérant être la puissance suprême.

Je peux avoir l'impression que la sagesse est écartée. Mais Paul parle souvent par raccourcis et il n'est pas question de cela. Le chrétien n'élimine pas la sagesse. En effet, la Bible est parcourue par une veine sapientiale et l'un de ses livres en monde catholique s'intitule : *Livre de la Sagesse*. Nous reconnaissons même en Sophia, « Sagesse », Sophie, l'un des noms du Christ. Qui plus est, notre éthique repose sur des vertus – avec ce que ce mot a de viril, puisque étymologiquement viril et vertueux sont de même origine – que le monde stoïcien reconnaît. Les dix paroles du Décalogue sont un chef d'œuvre de sagesse, mettant en place tout un art de vivre. Enfin, la sagesse chrétienne, c'est aussi toute la saveur de notre tradition. Car saveur, sagesse et savoir sont des mots à leur racine identiques. De fait, Jésus nous met en garde : « N'éliminez pas la saveur dans votre foi. Que le sel garde son goût de sel ! » Mt 5, 13. Non, le chrétien n'élimine pas la sagesse. Mais sans doute n'en reste-t-il pas à elle.

Je peux avoir l'impression que Paul, et les chrétiens avec lui, écartent les signes. Or il n'est certainement pas question de cela.

---

133. 1 Co 1, 22-25. Trad. Bible de Jérusalem. Dans les faits, le monde juif se méfie beaucoup des signes, prodiges et miracles. Significativement, dans le récit de *Hanoucah*, où le chandelier brûle mystérieusement sans se consumer huit jours durant, le plus grand miracle est... que quelqu'un ait fait son travail, ait noté en son temps la recette de la fabrication de l'huile de rechange. Bien des chefs de service souscriront !

Simplement, les Évangiles avertissent[134] : ce ne sont pas les signes qui font croire ; les signes par eux-mêmes laissent sceptiques ; ils ne parlent qu'*a fortiori* ; ils ne parlent qu'à celui qui déjà est entré dans la relation, comme un clin d'œil, une confirmation de ce qui, dans la complicité, est déjà su d'une façon ou d'une autre. Les signes, qu'est-ce à dire ? Les preuves scientifiques ? Heureusement que nous découvrons sans cesse ! Mais les approches scientifiques ne résolvent pas les questions ultimes. Les miracles faisant beaucoup de bruit ? Soit, mais aussi ceux qui n'en font pas. Les signes, c'est tout ce qui, dans une existence à vue humaine perdue, parle malgré tout d'avenir ouvert, sans leurrer cependant : un rêve, un livre découvert, une parole soudain quand même reçue... Le chrétien n'élimine pas les signes. Il les recueille avec joie et les garde comme un trésor, au secret de son cœur. Mais ce n'est pas sur eux qu'il fonde sa foi.

Sa foi, le chrétien la fonde sur la relation : «Parce que c'était lui, parce que c'était moi.» Et c'est dans cette direction que nous emmène Paul. Nous reconnaissons notre Dieu à la qualité relationnelle qu'il établit avec sa création et en particulier avec nous, les humains. Il est capable de nous rejoindre jusque dans la condition de supplicié. Une telle démarche, nous le sentons bien, est si profondément humaine qu'elle ne peut être que divine. En même temps, nous nous disons que si Dieu est Dieu, il lui faut aller jusque là.

L'incarnation fait voler en éclat tous les cadres, elle subvertit toutes les catégories. Pourtant, c'est elle, pour le poète Jean Grosjean, qui atteste ou du moins rend probable, curieusement. Il écrit en effet : «Certes, le Seul a frôlé Abraham et les grands détracteurs sémitiques, mais sans le Fils, sans les heures incompatibles de ses jours humains, ne nous resterait-il pas du Seul qu'une idole mentale ?» [135]

Confier sa vie

À nous, avec ce Dieu, de faire, sans prétention aucune, les choses en grand ! À nous, avec ce Dieu, d'inventer, sans reniement aucun, une fidélité à soi et aux autres toujours neuve, toujours ouverte ! Voici qui met en place un projet de vie.

---

134. Par exemple, en Jn 12, 37.
135. JeanGrosjean : *Les Vasistas*, Paris, Gallimard, 2000, p. 96.

Ce projet est quelque peu différent de ce que les slogans nous répètent à l'envi : réussir sa vie. Pourtant, qui ne voudrait pas cela, pour lui-même, et pour ses enfants : réussir sa vie ? Le projet chrétien est à la fois plus humble et plus ambitieux. Il s'agit de confier sa vie à son Dieu. Certes, l'intelligence reste en éveil et la volonté entre en action. Et pourtant, il s'agit bien de s'en remettre, de façon à la fois initiale et ultime, au Vivant.

C'est perdre une certaine maîtrise de son existence, ou plutôt l'impression, de toute façon illusoire, de maîtriser son existence. C'est surtout entrer dans une grande paix. « Qui veut sauver sa vie la perdra, mais celui qui perd sa vie à cause de moi la trouvera. » disent les Évangiles Mt 16, 25. Là encore, il n'est pas question de démissionner de sa vie. Car il n'y a de confiance que là où il y a un sujet, et un sujet agissant.

Confier sa vie : comme tout un chacun, j'expérimente que c'est difficile. Mais je pressens que c'est vraiment vivre.

*

Nul ne peut forcer quelqu'un à entrer dans une telle perception du réel. Impossible également de s'en saisir soi-même. Cette relation au monde, à soi-même et à la vie est toujours reçue, gracieusement.

Encore s'agit-il pour moi de ne pas me fermer à la grâce. En effet, cette réalité se donne à qui y est d'abord entré, constate le poète Pierre Emmanuel :
« L'ange peut être un homme qui passe : il disparaît et on sait alors Qui il est.
Nous avons démythifié tout cela ; le ciel est vide en notre âme plate,
Ayant cessé de croire aux anges, nous cessons du même coup de les voir.[136] »

Je puis me disposer à cette connaissance et cela commence par cette hygiène de vie que s'entendit intimer Marie de La Trinité, mystique du XXe siècle : « Ne pense qu'à ce qui vaut d'être pensé. »[137]

---

136. Pierre Emmanuel : *Jacob,* dans *Œuvres poétiques complètes,* second volume, Lausanne, L'âge d'Homme, 2003, p. 102-103.
137. Marie de La Trinité : *Consens à n'être rien,* Paris-Orbey, Arfuyen, 2002, p. 99.

Il me faut éveiller l'aurore

Je le sais, il est un temps pour construire la maison, y compris la demeure intérieure, mais ensuite il s'agit de l'habiter, ce qui relève du savoir être. Dans les ouvrages de psychologie et de spiritualité, c'est bien à l'être que nous sommes rendus particulièrement attentifs, à juste titre.

Cependant, occidentale d'Europe du Nord, aimant cette civilisation même si elle nécessite d'être améliorée, j'affectionne aussi le « faire », et plus précisément le travail. Le faire, en monde chrétien, prend quelques traits caractéristiques. En voici l'un ou l'autre.

*

L'œuvre

Confier mon existence au Vivant ne me dispense pas de faire ce que j'ai à faire. Le Nouveau Testament évoque volontiers l'intendant fidèle au travail. Mais ce que j'ai à faire, qu'est-ce donc ? Ce qui me fait plaisir ? Non, il y a plus grand et, de plus, le plaisir seul ne tient pas sur la longue durée, quand surviennent les difficultés. Ce qui est de mon devoir dans un « Il faut que... » impersonnel ? Non, l'Evangile annonce la remise des dettes. Puisque je suis là, puisque j'ai été appelée du néant à l'existence, j'ai simplement à vivre. Dans cet élan, j'apporterai ma contribution gracieuse au monde pour qu'il soit plus humain, ce que la Bible appelle « l'œuvre »[138]. Ce sera très charnel, parce que Dieu lui-même, dans les Écritures, est charnel.

Ce faire, n'aura rien à voir avec les modes, ni avec le « on a toujours fait », ni avec un « fais-moi plaisir ». Pas question non plus de réaliser un projet tout fait que les autres ont plaqué sur moi et que j'ai accepté de faire mien pour coller à une image. J'inventerai, jour après jour, en fidélité à moi-même, pas selon ma seule fantaisie toutefois : en conscience, dans l'interprétation de

---
138. Jn 4, 34 ; Jn 6, 29 ; Jn 17, 4 ; Ps 22 (21), 32 et Jn 19, 30.

la loi de vie et la lecture de la situation devant moi que je risque toutes deux. Je poserai ainsi des « je veux », sans dureté aucune, mais fermes, nets, que le Vivant pourra ratifier. « Que ta volonté soit faite » disons-nous quotidiennement dans la prière des chrétiens, le « Notre Père ». Autrement dit : « Que j'aie l'initiative de gestes et de paroles dont tu puisses dire : « C'est ma volonté, c'est ce que je veux. » » Très attentive à 1Co 13 : « Quand je parlerais en langues, celle des hommes et celle des anges, s'il me manque l'amour... »[139], Etty Hillesum avait compris que ce faire avait pour caractéristique l'amour. Il n'est pas question de faire pour faire, mais pour aimer.

Mon faire ne pourra par conséquent jamais être contre quelqu'un, ni même directement contre quelque chose : j'agirai non pas contre la haine, mais pour la tendresse, non pas contre la laideur, mais pour la beauté. Je crois même que soigner, c'est certes lutter contre la maladie, mais ceci surtout en aidant la santé, pour elle, en aidant et stimulant les défenses naturelles de l'organisme. Agir contre quelqu'un, ce serait développer un poison en moi, qui finirait par m'intoxiquer. Tous ceux, toutes celles que j'ai vus agir contre autrui ont connu quelques temps plus tard, une fois passé le moment de dopage que procure l'animosité, ou un épisode de psychose ou une dépression assez grave pour qu'ils fussent obligés de quitter leur emploi. Non que toute dépression résulte d'un faire contre quelqu'un, mais le faire contre quelqu'un détruit une santé. Le Livre de la Genèse le dit au moyen d'une image. En s'emparant du fruit du seul arbre que Dieu se réservait dans le jardin pour marquer sa présence, Eve agit contre lui. Son argumentation en faveur d'une émancipation n'est ici qu'un discours de rationalisation. Elle quitte aussitôt le bien-être au sens premier du terme. Quand Dieu la fait sortir du jardin, où elle ne se sent plus bien, au point de se cacher, il ne fait qu'entériner un état de fait.

Quand je perds espoir

Aux heures d'angoisse, la tentation est là de laisser en plan l'ouvrage que l'on s'était fixé. Le cœur n'y est plus, la confiance en la raison d'être de ce travail a disparu. Hé bien, si ! Justement, c'est le moment de tenir bon et de continuer et de faire ce qui est à faire,

---

139. Etty Hillesum, *Les écrits,* édition intégrale, p. 234, 739.

ceci sans se poser de question. Le soir venu, l'angoisse passée, quel bonheur d'avoir vécu ce temps difficile de façon féconde malgré tout ! Quel bonheur de ne pas avoir dilapidé le temps sous l'effet de l'émotion ! Et si l'angoisse demeure, au moins il y a la paix pour la tâche accomplie. « Heureux ce serviteur que son maître en arrivant trouvera en train de faire ce travail », dit l'Evangile Mt 24, 46.

Et pourtant ! Vivre et faire vivre, même dans les heures favorables, c'est parfois quand-même de trop. Il nous arrive d'être pris de vertige devant un emploi du temps si chargé que nous ne sommes plus du tout sûrs de pouvoir honorer les engagements pris, respecter les échéances. Les chrétiens alors tablent sur l'épisode biblique de la multiplication des pains et des poissons[140] : Si je fais ce que j'ai à faire le mieux possible, et si je l'apporte au Vivant comme les cinq pains et des deux poissons, il veillera lui-même à ce que tout soit accompli. Nous avons tous fait, dans ces conditions, cette curieuse expérience d'une masse de travail abattue, au-delà de toute espérance. Tout était fait, dans les temps !

D'une façon plus générale, les Écritures laissent entendre que là où un humain, au nom de sa foi, s'est engagé, faisant tout son possible, quand vient le moment où il se retrouverait sans ressources, l'invisible se porte à son secours et, mystérieusement, conduit à son accomplissement ce que les seules forces humaines ne pouvaient mener à terme. Rien d'éclatant. Peut-être un jeu de pur hasard. Mais la Mer Rouge s'ouvre. L'Esprit ne se substitue pas à l'homme : il ne lui évite pas la condition humaine, il prend le relais.

Une autre inscription du faire dans le temps

Dans le travail pour l'œuvre, ces tensions devraient rester exceptionnelles. Chacun fait cependant comme il peut et c'est souvent un emploi du temps serré, pour une activité à flux tendu.

La règle monastique nous propose un fonctionnement très différent, relatif au faire, intéressant, non moins efficace. Le moine ne dissocie pas l'être et le faire. Il sait que le faire à la fois émane de l'être, qu'il manifeste, et prépare l'être, dans lequel il trouvera son accomplissement. Alors le moine fait précéder le faire d'un temps de prière et d'étude solitaire prolongé – généralement deux heures – le

---

140. Mc 6, 38-44. Voir aussi l'histoire de la veuve de Sarepta 1R 17, et, en littérature latine, celle de Philémon et Baucis.

matin. Nous le savons bien : le quart d'heure ou la demi-heure de silence quotidien, comme la gymnastique d'entretien régulier, s'ils ne sont pas pris avant midi, ne seront pas pris du tout : nous aurons été happés par le tourbillon des urgences. Dans sa correspondance, Edith Stein notait justement que lorsque nous sommes assaillis par les choses à faire, ce qu'il y a de plus impératif, et paradoxalement de plus efficace, c'est de se retirer dans sa chambre et de prier[141]. Etty Hillesum fait de même. Le moine est aussi enjoint de rejoindre la prière commune avec cinq minutes d'avance. Il lui faut donc quitter l'activité précédente en se laissant une marge de sécurité. Tout le contraire de ce que nous, les gens pressés mais pas forcément plus rentables, faisons généralement. Quand il nous reste cinq minutes, nous faisons vite quelque chose « à l'avance pour tout à l'heure », moyennant quoi nous courons, en retard ou presque, vers l'activité suivante prévue. Nous y entrons à l'arrachée. De ce fait, nous ne parvenons pas à nous y rendre bien présents, et en ressortons insatisfaits, alors même que nous nous étions beaucoup réjouis pour ce moment-là. Je voudrais entrer dans un autre rythme, celui de la marge, qui permet d'être vraiment présent à ce que l'on fait, qui garantit aussi l'unité de mon être, dans le faire tellement menacé d'éparpillement. À moi donc de m'apprivoiser au vide de la marge. Car il est vrai que ce vide en lui-même n'a pas d'intérêt. Il deviendra savoureux si j'apprends à y disposer mon être, même si le cadre n'est pas porteur : il doit bien y avoir un morceau de ciel, une perspective, un tableau permettant au regard de se poser sur du beau ! Enfin le moine termine sa journée, commencée aux aurores il est vrai, assez tôt, plus tôt que nous. Le travail a été fait au mieux, ce qui reste à faire sera fait demain. Car « Dieu comble son bien-aimé qui dort » Ps 127 (126), 2. Se dit là une grande confiance. C'est tellement plus rassurant de veiller le soir, en se disant : « Au pire, j'ai toute la nuit devant moi pour terminer ce qui est à faire. » !

---

141. Edith Stein : « Dès le petit matin, au réveil, nous voudrions nous précipiter vers les tâches qui nous pressent, les œuvres qui nous sollicitent. (...) C'est alors qu'il convient de nous ressaisir, de nous dire : Attention (...) », dans « Les voies du silence », paru dans le bulletin mensuel de la *Societas religiosa*, Union féminine catholique, à Zurich, février 1932, et cité par Elisabeth de Miribel, dans : *Comme l'or purifié par le feu,* Paris, Editions Perrin, 1998, p. 21-124.

Je ne m'adapte pas, j'accueille

Nous nous entendons souvent intimer l'adaptation, notamment aux règles de l'économie. Ceci laisse entendre que l'humain doit se soumettre. De même, l'expression « gestion du personnel » donne à penser. La gestion n'est-elle pas normalement la relation aux biens, à l'argent, donc à la matière ? La Bible dit l'homme souverain, et ceci dès ses premières pages : « Qu'ils dominent » Gn 1, 26. Aussi le juif et le chrétien n'ont-ils pas à s'adapter.

Le chrétien a demandé l'adoption. Il est devenu ainsi fils de Dieu, donc prince. La création lui est soumise, confiée. Il fera pourtant, comme les autres, avec le temps qu'il fait. La condition humaine ne lui est pas évitée. Si Dieu lui-même vient la vivre dans l'incarnation, pas question d'entretenir l'illusion contraire. Les lois de l'économie, les déterminismes sociaux, les catastrophes naturelles, les fatalités biologiques ou tout simplement les contrariétés ne sont pas épargnées au chrétien. En cas de contrainte, il prendra acte et rusera avec la situation, sans malhonnêteté aucune. Le Christ lui-même ne dit-il pas, non seulement « Soyez bon comme des colombes », mais aussi « Soyez rusés comme des serpents » Mt 10, 16 ? L'on oublie parfois la deuxième partie de l'injonction. Il s'agira donc de trouver tous les remèdes possibles et de continuer à faire advenir et même chanter tout ce qui est encore possible. Un pas plus loin, le chrétien accueillera ce qui peut se donner de beau dans la situation nouvelle, même contraire. Au besoin, il inventera. C'est ce que lui conseille l'Evangile : si l'occupant romain te force à un déplacement d'un mille, fais-en le double Mt 5, 41 ; autrement dit : transforme la corvée imposée en promenade voulue de toi. Ce n'est pas « positiver ». Il n'est pas question de trouver les avantages des inconvénients. Ceci serait déjà faire un pacte avec la situation et se soumettre. Il s'agit de reconnaître la contrariété pour ce qu'elle est, de reconnaître le mal pour ce qu'il est et d'introduire, à frais nouveau, du bon jusque dans ce qui ne peut être éludé. S'ajoute à cela l'acte de foi chrétien par excellence : dans la situation difficile, le Vivant se fera proche et se manifestera. J'accueillerai la bonté venant à moi au cœur de l'adversité, non pas que celle-ci ait pu la produire, mais elle viendra de surcroît, gracieusement, pour la consolation qui rend fort. Nous retrouvons ici le message des Apocalypses chrétiennes[142].

J'accueillerai aussi ma vie dans la relecture de celle-ci, jusque dans ses moments de ratage. Il y a les ruines. Il y a de l'irréparable. Il y a le gâchis. Sans aucun sens à tout cela ! Alors je peux attendre qu'un sens me soit révélé par Dieu. Je peux aussi le lui demander. Et pourquoi pas ? Cependant, le Christ dans les Évangiles m'invite à oser, par moi-même, le travail interprétatif : « Mais pourquoi donc ne jugez-vous pas par vous-mêmes de ce qui est juste ? » Lc 12, 57. Je puis donc, moi, donner du sens à ce qui n'en a pas. Peut-être bien que si je m'y risque, le Vivant me donnera de découvrir le sens que je lui demandais et d'autres encore. Cela adviendra vraisemblablement le jour où... je pourrai supporter de ne pas tout comprendre dans mon existence.

Bien des parents et éducateurs restent douloureux dans la relecture de la formation qu'ils ont donnée à ceux qui leur étaient confiés. Ces adultes ont transmis les valeurs chrétiennes dans la mesure où elles sont transmissibles. Ils ont fait de leur mieux. Pourtant, avec du recul, ils ont le sentiment d'avoir gauchi le message. Ils craignent d'avoir contribué, chez l'un ou l'autre, à ce qu'on a appelé une « névrose chrétienne ». Avec humeur, ils se disent que l'enfer est pavé de bonnes intentions. Ils en viennent à se demander s'il n'aurait pas mieux valu ne pas donner d'éducation chrétienne du tout. Le psychanalyste Drewermann écrit à ce sujet des pages intéressantes[143]. Il estime qu'un récit biblique s'adresse tout particulièrement à eux : le récit de Tobie. Il y est question de cet homme juste mais rigide qu'est le vieux Tobit. Il a rendu la vie invivable aux siens, en raison de ses scrupules. Le conte met également en scène les parents de Sarra. Ils ont éduqué leur fille dans la droiture de la foi et des préceptes juifs. Or voici qu'elle ne parvient pas à s'inscrire dans le cours des générations ; ses mariages s'avèrent l'un après l'autre mortifères. Dans ces deux cas, aurait-il fallu renoncer à la pratique des principes mosaïques pourtant aimés ? Le texte répond que non, alors même qu'il ne nie

---

142. Par exemple Mt 24 et parallèles ; tout le livre de l'Apocalypse, qui signifie « révélation (de la présence du Vivant jusque dans le terrible, le Vivant se faisant alors tout proche) ».
143. Eugen Drewermann : *Der gefahrvolle Weg des Erlösung : die Tobit-Legende*, Freiburg-Basel-Wien, Herder, 1985.

pas les dégâts, fait remarquer Drewermann, car le texte promet à ceux qui n'auront pas capitulé sur leur désir de transmission la venue d'un ange qui restaurera ce qui aura été malencontreusement abîmé chez les enfants. Une éducation, il est vrai, ne relève jamais des seuls parents.

*

Le faire chrétien est donc tout d'espérance. Il est réponse à l'acte créateur qui m'a fait advenir, confiance en lui et audace de croire que Dieu peut ratifier mes initiatives. C'est un sourire gracieux à la vie.

Tout est dit de ce faire dans la parole du psalmiste aux premières heures du jour : « Il faut que j'éveille l'aurore de mon chant » Ps 57 (56), 9. Ce n'est pas le « il faut que » de la contrainte ; c'est celui, presque enfantin, de la jubilation.

Le psalmiste chante et le matin se lève. De même, en culture gréco-romaine, Apollon joue de la harpe et l'aurore naît. La raison nous inviterait à plus de réalisme : attendre la lumière et se réjouir, donc jouer, alors seulement. La confiance ose l'inverse ! Elle relève quotidiennement un défi, en douceur.

Une église, des prêtres et des pasteurs, une paroisse

La Pentecôte est le moment de la naissance de l'Église, puisque les apôtres, qui restaient dans le repli sur soi préparant l'avenir, sont alors menés hors du Cénacle où ils se tenaient, pour aller vers le monde. Cette Église a maintenant une longue histoire, avec des heures riches en humanité et des heures qu'il lui faut déplorer. Aujourd'hui en Europe, le nombre de chrétiens a diminué et d'aucuns s'inquiètent, oubliant que d'une part c'est un « petit troupeau » Lc 12, 32 et que d'autre part nous ne connaissons pas le nombre de chrétiens, parce qu'ils ne sont pas tous dans les instances visibles de l'Église, mais sont ailleurs, dans les autres bergeries du Christ pasteur Jn 10, 16.

En ce début de siècle, l'Église vit des moments passionnants et je voudrais ici en nommer quelques aspects : la joie des lieux, la présence d'hommes d'Église impressionnants, une vie communautaire stimulante. Ce n'est pas forcément là où nous prenons contact avec l'Église pour la première fois, mais qui s'obstine et cherche trouve.

*

Entrer dans une église

On peut entrer dans une église pour se réchauffer, s'abriter d'une averse, échapper un instant aux bruits de la ville. On s'y réunit, même si l'on se sent loin de l'institution, pour fêter, notamment des baptêmes et des mariages longtemps rêvés, et c'est bon signe. Les chrétiens se rejoignent là pour la prière en corps constitué. C'est un rendez-vous que certains, qui ne croient pas en Dieu, disent en toute simplicité envier. Et il y a là la prière personnelle, qui peut se vivre aussi en d'autres lieux.

Quand Edith Stein n'était pas encore convertie, parce qu'elle était sensible à la culture, elle s'était rendue dans une église pour la visiter. Une femme était soudain entrée, avec son sac à provisions, pour quelques instants de prière personnelle. Voici qui avait beaucoup plu à Edith Stein encore athée. « Quelqu'un venait, au beau milieu de ses occupations quotidiennes, dans l'église déserte comme pour un entretien intime. Je n'ai jamais pu l'oublier »[144], notait-elle.

Quand je rentre dans une église en dehors des offices, j'y suis rarement seule. Des hommes, des femmes de toutes conditions et tous les âges passent. Ils ne viennent pas seulement regarder les vitraux. Certains, visiblement des habitués, prennent un temps de silence en ce lieu. Ceci structure leur journée et ils se structurent ce faisant eux-mêmes.

C'est bien ce que promet l'édifice. L'ouvrage roman de Sélestat en Alsace est très explicite à ce sujet. À l'entrée, en mosaïque au sol, il y a le nom des quatre fleuves du jardin du paradis. Nous sommes donc en un lieu où tout est réconcilié : le temps éclaté, la terre et le ciel, la vie et la mort, la jeunesse et le vieillissement, l'homme et Dieu, l'homme et la femme, nous et nous-mêmes.

Pourtant, entrer dans ce lieu ne va pas de soi. De l'extérieur, les vitraux ne disent pas grand-chose, comme la foi et comme nos vies, qui ne révèlent leur secret et leur beauté que de l'intérieur. Il y a des sculptures d'animaux redoutables comme les lions et les gargouilles. Surtout, il fait silence, terreur de nos contemporains ! Et même quand nous sommes entrés, dans l'édifice roman de Sélestat, un autre obstacle encore, de taille, complique la démarche : un labyrinthe au sol. Ce dédale est cependant déjà dans le bâtiment, où nous avons droit d'asile. C'est-à-dire qu'en ce lieu nous sommes intouchables. Les soucis, les remords, la culpabilité, l'angoisse n'ont pas le droit de nous approcher ; nous sommes sous la protection de Dieu qui jamais n'a recours à cela. Pour traverser l'épreuve du labyrinthe, nous avons un fil d'Ariane, puisque l'église est orientée. Nous savons devoir maintenir le cap de la lumière, de l'avenir, du vrai, conformément à Dt 30 : « Tu choisiras la vie. »

---

144. Edith Stein : *Vie d'une famille juive,* Trad. Cécile et Jacqueline Rastoin, Genève-Paris, Ad Solem-Cerf, 2001, p. 470.

Alors, une fois que nous sommes entrés, que nous avons franchi le narthex et que nous avons trouvé notre chemin dans le labyrinthe, il y a la rencontre. La rencontre avec qui ? Avec Dieu, mais aussi avec nous-mêmes. Car l'église est notre équivalent psychique. Il est en effet des correspondances qui ne trompent pas. Le bâtiment est en forme de corps d'homme, corps du Christ, notre corps. Les monstres du seuil sont comme ces soucis et obsessions qui nous entravent si souvent dans nos mouvements. Avançant dans la nef, nous progressons dans notre histoire personnelle, vers l'autel, lieu pour se recevoir de quelqu'un et apprendre à se donner sans s'annuler. Il y a le chœur-crypte avec nos rêves anéantis et nos défunts pour une résurrection.

Dans l'église, nous faisons ce parcours à la fois seuls et pas seuls : sous le regard de Dieu et avec lui, pour se laisser refaire comme Elie dans la grotte de l'Horeb. Ce lieu, avec ses voûtes et sa pénombre, a quelque chose de maternel. Il ré-enfante. En même temps, parce que c'est la maison de Dieu, l'église est placée sous le signe paternel. Venir régulièrement, c'est s'apprivoiser à la paternité.

Nous venons pour simplement être là, ayant le droit d'être là, un droit plénier, où que nous en soyons par rapport à la foi et par rapport à l'Église. Nous venons pour nous poser, pour respirer. Nous venons aussi pour traiter ce qui ne va pas, pour décider, pour déployer devant le Vivant ce qui est beau et d'autant mieux le savourer, pour déposer, pour remercier. Quand nous ressortons, même s'il ne s'est rien passé, nous nous sentons dégagés de la méchante fatigue et plus forts, osant plus croire en nous-mêmes, avec le Vivant. Et, si nous nous étions fixé un temps de prière sous forme de simple disponibilité et d'écoute, si nous n'avons pas écourté ce temps, peut-être bien que dans les toutes dernières minutes Dieu nous a parlé, puisque nous avons brusquement compris quelque chose qui nous tenait à cœur ! Quand nous ressortons, notre vie est devenue jardin et forêt : les arbres des piliers, le point de source du baptistère, la grotte de la crypte, les animaux et les sirènes apprivoisés sont en nous, pour notre plus grand bonheur. Que notre vie devienne jardin, c'était bien la promesse initiale ! C'est advenu, parce que nous avons laissé Dieu longtemps nous regarder. À force de nous être laissé regarder par lui, nous en sommes venus à respecter notre personne et nous avons même appris à entrer dans notre histoire comme dans ce sanctuaire, sans crier, sans faire claquer nos bottes. Christiane Singer parlait de « l'église de ma vie »[145].

Des prêtres, des moines et des pasteurs

Il y a les scandales en Église. Il y a aussi ces rencontres possibles. Beaucoup de prêtres sur mon chemin m'apparaissent comme des figures d'Elie. De part en part, ils sont *aner thou Théou*, « hommes de Dieu », selon l'expression des Évangiles. Inutile qu'ils portent un signe distinctif. Vous avez vite perçu que cet homme, fin, cultivé, aimant les grands vins et les livres, soucieux de la vie de la cité, attentif à la personne, au courant des évolutions de la psychanalyse, cet homme mêlé aux autres est habité par la passion de l'évangile, de la bonne et de la belle nouvelle. Toute sa vie est requise et, effectivement, il donne toute sa vie. J'en veux pour signe qu'en cas de détresse il est joignable de jour comme de nuit, il se lève et vient, bénévolement.

Ces hommes sont pour moi les hommes du pain. Ils sont devenus prêtres pour qu'en leur génération le pain ne vienne pas à manquer. Ils sont, et c'est la même réalité, les hommes de la transmission de la parole qui donne à manger. Tout ce que j'écris, je l'ai reçu du père-prêtre. Ce que je dis de l'Annonciation vient de lui ; ce que je dis de l'Agneau vient de lui ; ce que je dis de Nicodème vient de lui ! Tout ! Et, ce fut tellement bien donné que c'est devenu vraiment mien, en ma génération, au féminin, selon mon souffle propre. C'est advenu par delà d'âpres combats. Car tout peut être dit devant l'homme de Dieu : il supporte. Il garde aussi le secret et j'aime l'épaisseur de son silence au sujet des personnes qu'il nous arrive de fréquenter l'un et l'autre. Enfin, le prêtre est pour moi l'homme du risque. Il y a celui de son engagement initial toujours continué ; il y a l'art de la décision appris de lui ; il y a ses initiatives, qui si facilement peuvent déclencher le soupçon ou la condamnation parce qu'elles restent méconnues.

Quant aux évêques, ils m'apparaissent comme vraiment liés à leur diocèse, viscéralement : quelque chose de l'ordre de l'adoption s'est ainsi visiblement passé pour Joseph Doré, un

---

145. Christiane Singer : *Derniers fragments d'un long voyage,* p. 72.

certain Vendredi Saint en la cathédrale de Strasbourg[146]. Le souci de la pastorale est sensible. En dépit de la charge de travail, surtout dans le grand diocèse d'Alsace – je crois qu'il ne faut pas souhaiter cette charge à son pire ennemi ! –, c'est une autorité qui, à ma grande surprise, répond à un courrier par un coup de fil personnel ou une lettre manuscrite ou un entretien. Je pensais le contact impossible, en système plutôt monarchique. Hé bien, non ! La question sérieuse, le partage d'une véritable inquiétude, l'annonce d'un projet qui vous tient à cœur, tout ceci trouve un accueil, et cela tient dans la durée. Pourtant, les formes ne sont pas là : pas de «Monseigneur», pas même de «Père Evêque», un simple «Monsieur l'évêque». Et je crois que chacun, même s'il ne le dit pas, est bien d'accord avec moi, que «évêque», donc «veillant sur», c'est bien plus que «archevêque» !

Les moines sont pour moi comme l'ermite que vous apercevez dans un coin de tableau médiéval représentant Christophe portant l'enfant-Christ. C'est l'ermite qui a suggéré le métier de passeur au géant, alors encore tout proche de son passé de pillard, mais déjà converti, venu lui demander conseil sur la juste façon de conduire une vie. Depuis, Christophe s'en donne la peine, dans le monde, de bon cœur. Au loin, l'ermite prie pour qu'il tienne et soit fécond. Autrement dit, dans l'invisible, le moine ne le laisse pas tomber. Il reste un point de repère en quelque sorte. C'est pourquoi l'ermite tient une lampe allumée. Et à contempler ces tableaux, on en vient à se demander qui porte qui : Christophe porte l'enfant, mais l'enfant le porte plus encore et Christophe est porté par l'ermite, porté par Christ... Avec les moines, il en est ainsi, pendant que vous prenez votre quotidien à bras le corps. Le moine m'apparaît vraiment comme l'homme de l'affection distante. Vous le rencontrez une fois dans un dialogue authentique et des années plus tard, alors que vous ne l'avez plus revu, vous découvrez qu'il se souvient très bien de vous et qu'il vous a laissé pendant tout ce temps d'éloignement habiter parfois, donc définitivement, sa prière.

Le pasteur, homme ou femme, est pour moi celui, celle qui ouvre sa maison. Vous demandez sans prévenir si un tel en difficulté

---

146. Joseph Doré : *La grâce de vivre,* Paris, Bayard, 2005, p. 346 : «Alors, j'ai été saisi.»

peut venir habiter chez lui pour un temps indéterminé, ce qui veut généralement dire chez son conjoint et ses enfants, et c'est oui, tout de suite.

Comment ne pas dire aussi le bonheur de la rencontre avec les hommes de la Synagogue ! C'est la confiance accordée, la liberté jusque dans le respect des conventions, la générosité du don des Écritures du Premier Testament, la joie de l'intelligence de l'esprit et du cœur qui, par émulation, va toujours plus loin. Profondément merci.

Une paroisse

J'ai maintenant une paroisse ! Maintenant, cela fait... plus de dix ans. C'est une paroisse par adoption, réciproque. Elle m'a donné un nom, m'appelant affectueusement par le diminutif alsacien «Evelynela». Je l'ai longtemps cherchée. J'y ai des pairs. Ils sont plein d'humour ; ils savent ce qu'ils veulent, encouragent et interpellent ; ils sont capables de faire confiance et de se réjouir ; ils ne se font pas envahissants et eux-mêmes vont et viennent librement. Dans ma paroisse, je suis chez nous, je suis chez moi.

Elle a changé mes dimanches. Autrefois, ce jour était sinistre au possible pour moi. Puis, je l'ai vécu comme le rendez-vous avec le Ressuscité. En me rendant à la messe, je faisais sonner les cloches pour moi. Oui ! Le dimanche avait trouvé sa saveur. Mais il manquait la vraie rencontre communautaire. Par l'intégration paroissiale, le dimanche a trouvé sa plénitude.

Mes premiers souvenirs en ce lieu sont encore très nets. C'est un samedi soir. Je suis pour une fois très en avance. Deux ou trois personnes, des aînés, exercent un chant autour de l'organiste. Visiblement, ils aiment ce qu'ils font. Ils chantent de bon cœur, ont l'air très satisfaits et rient quand il y a une erreur. L'église, elle, serait plutôt décourageante. Elle a de jolies proportions, une architecture sympathique, mais le chauffage l'a noircie. Aujourd'hui, elle est repeinte, mais, ce jour-là, je ne vois que le noir. La disposition des bancs, alors, ne me parle pas ; maintenant, j'aime le fait que nous nous voyons tous, pouvant échanger des regards de sympathie. Pendant la liturgie, impressionnée par la participation des paroissiens, je pense à ces vers de Péguy évoquant les priants comme une armée lancée à l'assaut du ciel[147]. Puis retentit cette prière : « Nous croyons que, malgré les apparences, l'Esprit conduit l'Église. » C'est vraiment une paroisse pour moi ! Les Conseils pastoraux me font découvrir une Église que je ne connaissais pas, démocratique.

Ma paroisse n'est pas une paroisse idéale, de rêve. Elle a ses manques, des aspects à rectifier ou à développer. Mais elle a le mérite d'exister et de vouloir être. Ce qui nous réunit, plus encore que le plaisir, réel, de vivre des aventures très intéressantes en inventant une solidarité bien concrète là-bas et ici, en développant une dimension intellectuelle de la foi et en travaillant à une vie spirituelle plus personnelle, c'est le *munus* et à ce titre nous formons vraiment communauté. Car, étymologiquement, le mot communauté, que spontanément nous ferions découler de « un », vient en fait de « *munus* ». Le *munus* est « le bien très précieux, inaliénable, nous faisant vivre tous et chacun ». Le *munus* est quelque chose ou quelqu'un, estimé de grande valeur, permettant la vie, que l'on protège, en latin *munire* venant de « fortifier, défendre ». Forment communauté ceux qui ont un *munus*. Notre *munus*, dans ma paroisse, c'est le Vivant, que nous le nommions ainsi ou sous un autre nom. Nous ne nous choisissons pas les uns les autres, le lien interpersonnel n'est pas premier, mais nous sommes bien d'accord pour reconnaître en Christ le centre qui nous attire chacun et tous à lui. Pour lui et sa bonne et belle nouvelle, chacun mobilise son énergie, avec la volonté ferme que le groupe tienne et vive. Notre unité est conséquence de cette adhésion commune.

Il est arrivé que dans ma paroisse le découragement affleure. Pourquoi ? En raison de la déchristianisation chez nous aussi. Hé oui ! Les chrétiens ne font pas forcément de petits chrétiens, et heureusement ! Des parents peuvent vivre une foi authentique sans que leurs enfants découvrent ce trésor. L'a emporté dans notre paroisse la décision de vivre le bonheur donné dans notre aventure commune telle qu'elle est, en savourant ce qui est au lieu de déplorer ce qui n'est pas. Le plus confiant dans l'avenir était le plus ancien de la paroisse.

---

147. Charles Péguy : *Le Mystère des saints Innocents,* dans Œuvres poétiques complètes, Paris, Gallimard, 1975, p. 1698 et suivantes.

Alors, bien que mon mode spontané de participation à la liturgie soit la seule écoute silencieuse, je chante, dans ma paroisse ! Je chante volontiers, sans aucunement me forcer. Je chante avec tel paroissien rescapé du cancer, avec telle femme veuve luttant pour tenir bon dans la douceur, avec cette famille dont les enfants grandissent. Je chante avec les autres, consciente de vivre là des trésors de foi et d'humanité. Je chante parce que je suis bien, avec eux. Or, de façon étonnante, depuis que je suis enracinée chez eux, plusieurs autres lieux se sont ouverts à moi. C'est comme si cette paroisse m'avait donné d'autres paroisses. Je sais maintenant que tel autre clocher sonne aussi pour moi, qu'en telle autre église je suis aussi bienvenue, voire attendue, qu'en telle autre encore j'ai une place bien à moi. Le mystère du corps de l'Église, c'est aussi cela.

*

Beaucoup de contemporains aiment la relation à Dieu mais écartent l'insertion dans une religion. Pourtant la religion est à la relation à Dieu ce que le corps est à l'esprit, ce qu'une langue est à la pensée. S'amputer de sa religion, c'est essayer de vivre sans corps.

On peut, sa vie durant, critiquer l'Église, souvent, il est vrai, décevante, et les chrétiens, souvent, c'est un fait, agaçants. On peut aussi prendre la responsabilité de faire advenir l'Église et le christianisme de ses rêves, en innovant, en faisant soi-même ce que l'on voudrait voir y exister. Et alors l'Église et le christianisme seront ce que nous voulions qu'ils fussent !

On peut rejeter les signes et les symboles quand ils ne nous parlent plus. Il est sans doute plus intéressant de les réinvestir et de les habiter de façon féconde. Notre religion sera belle si nous osons nous y impliquer pour y accomplir le sens, un sens que nous aurons retrouvé et que notre vie risquée pour la douceur et le sourire aura confirmé.

Riche de ses traditions et de nos initiatives, l'Église déborde toujours la perception que j'en ai.

Finir l'année avec Christ Roi

Quel bonheur de finir l'année avec lui, le tout tenant, qui récapitule tout et l'honore dans son Règne !

« Tu es donc roi ? », disait Pilate. Nous savons la réponse, souveraine en sa formulation, son contenu, son rythme de toute beauté, alors que le contexte est celui d'une comparution devant le tribunal de la mort : « Je ne suis né, je ne suis venu dans le monde que pour rendre témoignage à la vérité. Quiconque est de la vérité écoute ma voix. » Jn 18, 37.

On peut ainsi aller pieds nus mais être roi, un roi pauvre. On peut être malade ou blessé, mais roi, un roi méhaigné. On peut même avoir commis une faute mais être roi, pour avoir honnêtement reconnu le manquement et avoir tenté de le réparer autant que possible, un roi pardonné. Roi de leur vie, le sont tous ceux qui sont vulnérables parce que profondément humains, qui savent s'être reçus de quelqu'un comme tout enfant des hommes, et qui honnêtement jour après jour s'appliquent à faire ce qu'ils ont à faire, à être ce qu'ils ont à être, répondant à leur nom sans se dérober. Toute la semaine, nous la passerons avec celui qui nous a appris que l'on peut être roi de sa vie.

Si nous lui disons secrètement du fond de l'âme : « Souviens-toi de moi quand tu viendras dans ton Règne » Lc 23, 42, nous osons croire que ce Règne à venir est déjà là. Alors nous goûtons, attentifs aux prémices en notre quotidien, ici et maintenant, sans toujours nous tendre vers demain ou nous retourner sur hier. J'ai retenu la leçon et n'oublie jamais de célébrer le 31 décembre pour lui-même, ainsi que la veille de mon anniversaire. Aucune nostalgie là-dedans. Christ Roi, alpha et oméga, a désensorcelé la fin, dans mon existence.

Or je découvre que c'est bien pour cette raison que je puis me réjouir ensuite des commencements : comme nous fermons une porte, nous ouvrons la porte suivante. La liturgie festive de la fin, en Christ Roi, permet l'entrée heureuse, au premier dimanche de l'Avent, Nouvel An des chrétiens, en des temps nouveaux.

Conclusion

Pendant la fête

Pendant la fête, nous avons essayé d'être présents à ceux qui nous invitaient et à ceux qui s'associaient à la fête ou, si nous-mêmes invitions, à chacun des invités, allant vers chacun d'eux avec un mot ou un geste personnel venu du plus profond de notre être[148]. Chacun a reçu et donné, non pour régler une dette et être quitte, mais parce que chacun, selon la belle ambiguïté du mot, est pour l'autre « l'hôte ». Celui qui a accueilli a donné une part de paradis et, en cet accueil, il s'est donné lui-même ; il a aussi beaucoup reçu, parce que l'invité s'est laissé aimer, ce qui est difficile. Celui qui était invité s'est remis à l'autre ; il repart différent de celui qu'il était en venant : il est encore plus en sécurité dans l'existence, porté par l'affection et le respect, sensibles, reçus. Pendant le fête, nous avons inscrit au fond de notre cœur chaque moment, en sa beauté : la lumière de cette heure, les fleurs et les parfums, les étoffes, les saveurs, la musique, les propos échangés et le silence entre les mots, la gravité d'un regard, la tendresse reçue, les rires. Nous laisserons tout ceci nous habiter et nous travailler.

Car après la fête, c'est encore la fête

Car après la fête, la fête ne sera pas finie. Nous vivons en effet le temps biblique. Or en hébreu, il y a deux temps : le temps imparfait et le temps parfait. Le temps imparfait, c'est celui qui n'est pas encore mené jusqu'à sa plénitude, le temps où nous préparions et vivions la fête. À ces moments-là, nous risquions plus que jamais de perdre la fête parce qu'un imprévu pouvait toujours la contrecarrer. Le temps parfait, c'est le temps où tout est dans son accomplissement, littéralement fait jusqu'au bout, et donc désormais

---

148. C'est bien ainsi que Dieu invite, en Mt 22, 11, quitte à lui-même ne pas avoir le temps de manger.

là, impossible à annuler. Après la fête, la fête étant allée jusqu'en son plein achèvement, elle est là dans une splendeur qu'elle n'avait pas auparavant et il importe de la savourer encore et encore, par la mémoire vive, détachée de toute nostalgie. Se précipiter aussitôt vers une autre fête pour rester dans la fête, serait une erreur. La coutume de la lettre de remerciement huit jours plus tard est donc tout à fait bienvenue. C'est l'occasion de revenir vers celui qui a invité et de lui redire son bonheur, tout bruissant encore des échos de la fête. C'est aussi un signe que ce qui a été vécu là n'était pas anodin et que le donateur est reconnu.

Merci,
le mot qui accomplit nos fêtes

Quand les enfants omettent de remercier, j'entends souvent les adultes leur dire que «merci», comme «s'il te plaît», est le «mot magique» à prononcer impérativement. L'éducateur veut dire par là que ce mot, dit, ouvre des portes mais, non dit, les ferme définitivement, ce qui n'est pas faux. Et puis, si «merci» n'est certes pas une formule magique, c'est bien un mot magique au sens où certains adolescents l'entendent: «magnifique, très beau». En lui la fête est à son apogée.

Dans l'émoi des sens, celui qui dit merci est capable de marquer un temps d'arrêt pour se souvenir que quelqu'un est à l'origine de ce bienfait. Ceci protège qui reçoit le présent du chaos en lui. Inversement, dans la Genèse, après le déluge, Noé bascule dans le ridicule de l'ébriété pour avoir oublié d'élever la coupe. Qui dit merci, pose un acte de réalisme: il constate ce qui a eu lieu, le reconnaît, l'estime, le réfère au donateur. Dire merci, c'est se rendre compte, être en quelque sorte un éveillé et non un zombi. Dire merci, c'est faire acte de justesse et de justice à l'égard de l'autre.

Le remerciement permet une plus grande appropriation du cadeau, à plus d'un titre. D'abord, il officialise pour les deux partenaires et les témoins ce qui a eu lieu. Plus profondément encore, le remerciement fait d'une certaine manière exister le don. Car tout ce qui est vécu sans reconnaissance est perdu. La personne qui ne se rend pas compte annule elle-même le cadeau reçu. Elle s'en prive elle-même. Comme le remerciement est verbalisation, il constitue une relecture de ce qui est advenu. Voici qu'apparaissent mieux les proportions et les enjeux. Nous découvrons des aspects de la situation que nous n'avions pas assez perçus. Notre sort s'avère encore plus heureux.

Si d'aucuns n'aiment pas dire merci, c'est peut-être que le mot n'est pas facile à prononcer. En effet, quand nous remercions, nous reconnaissons avoir reçu, donc être débiteur, et être vulnérable puisque nous réagissons, disant le plaisir ou l'émotion. Il faut être fort et très à l'aise avec la vie pour en être capable, simplement, nettement, mais sans insister. Cependant, c'est une des conditions pour que la fête soit sans fin. Cela s'apprend.

Cet ouvrage s'achèvera donc sur le remerciement. Oui, de tout cœur, merci au lecteur de m'avoir accompagnée en ces pages. Puisse-t-il les quitter encore plus résolu à fêter et à faire de sa vie une danse !

Table

Préface 9
Vivre la fête 11

Autour de Noël

La force de l'Avent 17
Une figure d'Avent : Elie, *alias* Jean-Baptiste 23
Annonciation :
  « Vivant, j'ai frémi de joie à l'ombre de tes ailes ! » 29
Amen : la naissance de notre Oui 33
Fêter Noël 41
« Ouvrant leurs coffrets... » 45
Nouvel An et les années perdues 55

Autour de Pâques

La joie du carême 63
S'apprivoiser au geste des cendres 67
Le signe de croix 71
Une figure pascale : Josué, ou le courage du bonheur 75
Rien, le Samedi Saint ? 81
Joueur et plus fort que tous les destins, l'Agneau ! 87

Autour de la Pentecôte

La Pentecôte, c'est difficile	97
Le travail de l'Esprit : incarnation, confiance, liberté	99
Une figure de liberté : le pharisien Nicodème	107
Une figure pour la liberté : l'apôtre Paul	111
L'attention à l'invisible, mais d'abord au visible !	117
Une autre perception du réel	125
Il me faut éveiller l'aurore	133
Une église, des prêtres et des pasteurs, une paroisse	141
Finir l'année avec Christ Roi	149
Conclusion	151
Merci, le mot qui accomplit nos fêtes	153

REMERCIEMENTS DE L'AUTEUR

Des chapitres de ce livre ont été précédemment publiés par :
- la revue *Préludes, le magazine de l'Anfol*, Association Nationale de Formation des Organistes Liturgiques, 51 rue Principale 67 530 Ottrott, France :
   Elie, *alias* Jean-Baptiste, octobre 2005, n° 52
   Ouvrant leurs coffrets, octobre 2008, n° 64
   Nouvel An et les années perdues, janvier 2002, n° 37
   Une figure pascale : Josué, ou le courage du bonheur, janvier 2006, n° 53
   Rien, le Samedi Saint ? Janvier 2005, n° 49
   Joueur et plus fort que tous les destins, l'Agneau ! Avril 2010, n° 70
- D'autres chapitres ont été publiés par la revue *Carrefours d'Alsace, mensuel du diocèse de Strasbourg*, Alsace Média CDI :
   Vivre la fête, décembre 2002, n° 11
   Fêter Noël, décembre 2002, n° 11
- ou encore par *l'Almanach sainte Odile*, Diocèse d'Alsace, Alsace Média CDI :
   La joie du carême, 2007
   S'apprivoiser au geste des Cendres, 2005
   Le signe de croix, 2006

Merci aux équipes de ces revues, pour la stimulation de la pensée occasionnée par de telles publications.
Merci à Jean-Baptiste Ritt (www.aprime.org) pour la mise en page.
Merci enfin à l'éditeur L'Harmattan pour l'accueil de cet ouvrage dans sa maison, à la suite d'un autre, intitulé *Un jour pourtant. Sagesse pour le quotidien,* qu'il avait antérieurement accepté, lui donnant ainsi sa chance.

L'HARMATTAN, ITALIA
Via Degli Artisti 15; 10124 Torino

L'HARMATTAN HONGRIE
Könyvesbolt ; Kossuth L. u. 14-16
1053 Budapest

L'HARMATTAN BURKINA FASO
Rue 15.167 Route du Pô Patte d'oie
12 BP 226 Ouagadougou 12
(00226) 76 59 79 86

ESPACE L'HARMATTAN KINSHASA	**L'HARMATTAN CONGO**
Faculté des Sciences sociales,	67, av. E. P. Lumumba
politiques et administratives	Bât. – Congo Pharmacie (Bib. Nat.)
BP243, KIN XI	BP2874 Brazzaville
Université de Kinshasa	harmattan.congo@yahoo.fr

L'HARMATTAN GUINÉE
Almamya Rue KA 028, en face du restaurant Le Cèdre
OKB agency BP 3470 Conakry
(00224) 60 20 85 08
harmattanguinee@yahoo.fr

L'HARMATTAN CÔTE D'IVOIRE
M. Etien N'dah Ahmon
Résidence Karl / cité des arts
Abidjan-Cocody 03 BP 1588 Abidjan 03
(00225) 05 77 87 31

L'HARMATTAN MAURITANIE
Espace El Kettab du livre francophone
N° 472 avenue du Palais des Congrès
BP 316 Nouakchott
(00222) 63 25 980

L'HARMATTAN CAMEROUN
BP 11486
Face à la SNI, immeuble Don Bosco
Yaoundé
(00237) 99 76 61 66
harmattancam@yahoo.fr

L'HARMATTAN SÉNÉGAL
« Villa Rose », rue de Diourbel X G, Point E
BP 45034 Dakar FANN
(00221) 33 825 98 58 / 77 242 25 08
senharmattan@gmail.com

579187 - Septembre 2014
Achevé d'imprimer par